Bruno Herlet

Studien über die sog. Yzopets
Lyoner Yzopet, Yzopet I und Yzopet II

ISBN/EAN: 9783744619998

Hergestellt in Europa, USA, Kanada, Australien, Japan

Cover: Foto ©ninafisch / pixelio.de

Weitere Bücher finden Sie auf **www.hansebooks.com**

Bruno Herlet

Studien über die sog. Yzopets

Lyoner Yzopet, Yzopet I und Yzopet II

Separatabdruck aus den Romanischen Forschungen, herausgegeben von Karl Vollmöller. 4. Bd. 2. Heft. (Erlangen, A. Deichert. 1889.)

Einleitung.

Den sogenannten Yzopets ist ein ganz verschiedenes Schicksal zu
Teil geworden: während nämlich der älteste davon, der sogen. Lyoner
Yzopet, in einer Ausgabe von Meisterhand vorliegt, besitzen wir die
beiden anderen, Yzopet I und Yzopet II, nur in der gänzlich unbrauch-
baren Ausgabe, die Robert im Jahre 1825 davon veranstaltet hat. Ich
enthalte mich hier, die Mängel der Robert'schen Ausgabe, die in die
Augen springen, eines Weiteren hervorzuheben, und weise nur darauf
hin, dass eine sprachliche Untersuchung der von ihm veröffentlichten
Texte so lange unmöglich ist, bis man genaue Abschriften der betreffenden Handschriften zur Verfügung haben wird. In anbetracht
dessen ist es für jeden, der sich mit den interessanten Denkmälern beschäftigen will, unmöglich, etwas Abschliessendes zu liefern, und jeder-
mann, der diese Umstände in Erwägung zieht, wird den unfertigen
Charakter meiner Arbeit weniger hart beurteilen. — Was ich bis jetzt
habe liefern können, sind nur Studien, die sich mit der übrigen Fabellitteratur ebenso sehr beschäftigen, wie mit den Yzopets selbst, wenn
ihnen auch diese letzteren immer als Ausgangspunkt gedient haben. —
In Bezug auf Y I ist es mir indessen auch gelungen, einige Auf-
stellungen, die über die handschriftlichen Verhältnisse dieses Denkmals
einiges Licht verbreiten, zu machen. — Die Einteilung meiner Arbeit
ist eine äusserliche, rein praktische, was sie bei der eigenartigen Natur
des Stoffes sein musste: auf die Betrachtung der Uebersetzungen des
An. Nev. lasse ich die Untersuchungen über Yzopet II und seine Quelle,
den Novus Aesopus Alexander Neckam's, folgen, und schalte dazwischen
das Wenige ein, was ich über den Yzopet - Avionnet zu sagen habe.

1 *

Um mich nicht beständig zu wiederholen, musste ich mich dazu entschliessen, jene Fabeln, welche in mehreren der mir vorliegenden Texte vorkommen, nur an einer Stelle zu behandeln, und zwar an jener, wo sie das meiste Interesse boten; was über die Fabel in den anderen Sammlungen zu sagen war, wurde gleich angefügt, und an seiner Stelle nur kurz resumiert. Dadurch wurde allerdings jeder Rest von Zusammenhang zerstört, aber dieser kann ja bei Untersuchungen über eine Reihe von unter sich völlig zusammenhangslosen Fabeln ohnehin nicht gross sein.

Die Bücher und Schriften, deren ich mich zu Abfassung meiner Arbeit bedient habe, sind die Folgenden:

Roquefort: Poésies de Marie de France, etc. Paris 1820.

Robert: Fables inédites des XIIe, XIIIe, et XIVe siècles, etc. Paris 1825.

Du Méril: Poésies inédites du moyen âge. Paris 1854.

O. Keller: Untersuchungen über die Geschichte der griechischen Fabel. Jahrb. für klass. Phil. IV. Supplementb. 4.

Oesterley: Romulus, die Paraphrasen des Phaedrus, etc. Berlin 1870.

Wendelin Foerster: Lyoner Yzopet. Heilbronn 1882.

Hervieux, L.: Les fabulistes latins depuis le siècle d'Auguste jusqu'à la fin du moyen âge. 2 vol. Paris 1884.

Paris, G.: Journal des Savants 1884|85 (über das ebengenannte Werk Hervieux').

Mall, E.: Zur Geschichte der mittelalterlichen Fabellitteratur u. insbes. des Esope der Marie de France. Gröber's Zeitschrift 1885, IX 2 u. 3.

Max Fuchs: Die Fabel von der Krähe, die sich mit fremden Federn schmückt, betrachtet in ihren verschiedenen Gestaltungen in der abendländischen Litteratur. Diss. Berlin 1886.

Lewis, G. C.: Babrii fabulae Aesopeae. Oxonii 1846 u. London 1859.

Schneidewin: Babrii fabulae Aesopeae. Lipsiae 1853.

Halm: Fabulae Aesopicae collectae. Lipsiae 1860.

Froehner: Aviani Fabulae XXXXII. Lipsiae 1862.

Ghivizzani: Il Volgarizzamento delle Favole di Galfredo. Bologna 1866.

Lucianus Mueller: Phaedri Fabularum Aesopiarum libri quinque. Lipsiae 1877.

Abkürzungen, die im Verlauf der Arbeit in Anwendung kommen:

LY = Lyoner Yzopet.

Y I = die von Robert, a. a. O., so bezeichnete Sammlung.

Y II = ebenso.

LBG = von Mall gewählte Bezeichnung des sog. Erweiterten Romulus.

Y-A = Yzopet-Avionnet.

Man wird sich verwundern, dass ich zu den Citaten einen so ausgiebigen Gebrauch von Hervieux' Textsammlung gemacht habe. Der Grund dazu ist ein rein praktischer: die Schwierigkeit, mit welcher sich an meinem gegenwärtigen Aufenthaltsort Bücher beschaffen lassen, zumal da auch die königliche Hof- und Staatsbibliothek in München, deren Direktion ich hiemit für die gefällige Ueberlassung einer Anzahl von Büchern aufrichtigen Dank sage, einigemale das Gewünschte nicht enthielt — Die Ausgabe des Phaedrus von L. Müller und die des Babrius von Lewis habe ich erst kennen gelernt, als meine Arbeit fast abgeschlossen war; doch habe ich mich bemüht, nachträglich diese Fehler wieder gut zu machen.

Was die Bezeichnung der Sammlungen betrifft, so folge ich vollständig dem gewöhnlichen Gebrauch, und bediene mich auch, gegen Hervieux, der herkömmlichen Bezeichnungen: „An. Nil." u. „An. Nev.", schliesse mich aber an Prof. Mall an, indem ich den sogenannten „Erweiterten Romulus" mit LBG bezeichne.

I. Teil.

Die altfranzösischen Uebersetzungen des Anonymus Neveleti.

Wie schon am Ende der Einleitung gesagt wurde, sehe ich mich keineswegs veranlasst, ungeachtet der grossen Mühe, die sich Herr Hervieux I 432 ff. gegeben hat, nachzuweisen, dass der Verfasser des Anonymus Neveleti ein gewisser Gualterus Anglicus gewesen sei, von der alten Bezeichnung „Anonymus Neveleti' abzugehen, da, wie Prof. Mall und G. Paris übereinstimmend bemerken, der Beweis für Hervieux' Annahme keineswegs so vollständig erbracht ist, wie er selbst meint, und wohl auch niemals erbracht werden wird (s. Mall, Zur Gesch. etc. S. 172, und G. Paris, Journ. des Sav. 1885, S. 39). Herrn Hervieux zu Gefallen den Namen Walther anzunehmen, sah ich mich um so weniger veranlasst, als sein Werk überhaupt mit wenig Kritik verfasst ist. Seine oberflächliche Art zu arbeiten macht ihn in der That zu einem sehr unzuverlässigen Führer, dessen wir uns wohl, wie schon gesagt, sehr oft, aber immer nur mit Vorsicht zu bedienen haben werden.

Der Anonymus Neveleti hat im Mittelalter zwei französische Bearbeitungen erfahren, die wir jetzt zum Gegenstand unserer Untersuchung machen wollen, indem wir die ältere vorausnehmen.

A. Lyoner Yzopet.

Da LY eine Veröffentlichung, welche den Ansprüchen der modernen
Wissenschaft in jeder Beziehung genügt, erfahren hat, und zudem die
Verhältnisse bei demselben weit klarer liegen, als bei Y I, so habe ich
mich im Folgenden darauf beschränkt, nur diejenigen Fabeln davon zu
besprechen, welche mir das speziell zu erheischen schienen, indem ich die
übrigen bei Besprechung von Y 1 nach Bedürfnis mitbehandle.

Es sei dabei bemerkt, dass ich für LY, wie Y I, die Einteilung,
resp. Reihenfolge, und die lat. Bezeichnungen beibehalte, wie sie die
Ausgabe des An. Nev. von W. Foerster bietet. In wiefern die Uebersetzungen in der Anordnung von der des Au. Nev. abweichen, hat bei
Besprechungen, wie sie hier folgen, keinen Belang, und kann leicht
aus der Liste bei Foerster ersehen werden. (Bei Y I findet dies seine
eigene Behandlung.)

Unter LY wollen wir nur die Fabeln 4, 7, 8, 12, 14, 21 b, 28, 30,
31, 44 besprechen, und dann das Fazit ziehen.

Fabel IV. De Cane et Oue.

Den Ausgangspunkt für die Entwicklung der Fabel während des Mittel-
alters bietet nicht Phädrus, sondern der An. Nil. — Denn während bei Phädrus I 17 nur der Wolf allein als Zeuge aufgeführt wird, und versichert,
dass das Schaf zehn Brode erhalten habe, statt eines, ferner am Ende für
seinen Betrug die verdiente Strafe erhält (Lupus citatus testis non unum
modo Deberi dixit, verum adfirmavit decem .... Post paucos dies
Bidens jacentem in fovea conspexit lupum: Haec, inquit, merces fraudis
a superis datur), treten bei An. Nil. V drei Zeugen auf: Lupus, milvus, accipiter; es ist nur von einem Brode die Rede, und das Schaf
verkauft seine Wolle. Diese Fassung bleibt im Wesentlichen unverändert in den meisten lat. Fabelbearbeitungen (s. Mall, a. a. O. S. 172),
wozu auch der An. Nev. gehört. Wie Mall an der eben citierten Stelle
bemerkt, weichen nur ab der Rom. Nil. und die von ihm abhängigen
Sammlungen, der Esope der Marie de France[1]) und die von Mall so
bezeichnete Sammlung LBG. Rom. Nil. I 4: Judex ille illos interro-
gavit, numquid testes haberent. Cui canis respondit se duos testes
habere, Lupum scilicet et Milvum .... und am Ende: lanam vero
suam vendidisse dicitur. Qua vendita, morte periit.

---

1) Es sei gleich hier bemerkt, dass ich mich in Bezug auf die Reihenfolge
der Marie de France an Roquefort anlehnen musste, da eine Ausgabe mit der richtigen Einteilung, wie sie Prof. Mall, a. a. O. S. 169 f., gibt, noch nicht existiert.

Marie de Fr. hat ganz entsprechend (mit der einzigen, bei Mall erwähnten, Abweichung, s. Roquef. IV): Li Juges au Kien demanda Se il de ce nus tesmoins a, Il li respunt k'il en ad deus, C'est li Escufles e li Leus; und Se li convint sa leine vendre, Ivers esteit, de froit fu morte.

LBG weichen nur am Schluss ab, wo es, nachdem das Schaf sich seiner Wolle entkleidet hat, heisst: Canis autem, hac satisfactione non contentus, in pellem ipsius agit, et irruens super eam . . . miseram illam miseriorem reddit (Herv. II 501). Auffallend ist, und bildet den Grund, weshalb ich die Fabel hier bespreche, dass LY hier stark von seiner Vorlage abweicht. Es heisst nämlich dort (Foerster, V. 189 ff.): En cel plait est iuges li lous . . . Li chiens auoit bons consoillours . . . . Lo nieble et lo uoutour ensamble; also nur zwei Zeugen, der Wolf ist sonderbarer und wohl ganz selbständiger Weise zum Richter gemacht. — Interessanter noch und entscheidender ist der Schluss: V. 219 f.

> Entrant iuert nant sa chemise
> Et muert de froit contre la bise.

Aus der ersten Abweichung liesse sich kaum ein Schluss ziehen; aber durch die zweite glaube ich den Schluss nothwendig, dass LY hier in irgend einer Beziehung steht zu der vom Rom. Nil. ausgehenden Version der Fabel. LBG halte ich dabei für ausgeschlossen, da der schon citierte Schluss der Fabel, wie er bei diesen vorliegt, nicht die Aenderung in LY hätte hervorrufen können. — Hier muss der Rom. Nil. oder Marie eingewirkt haben, und wenn wir das *morte periit* des ersteren, das *de freit fu morte* der zweiten mit dem *muert de froit*, das LY hat, vergleichen, so neigt sich die Wagschale der letzteren zu. Wir werden später hierauf zurückkommen müssen. — Was die eigenthümliche Aenderung in Betreff der Zeugen angeht, so will es mir scheinen, dass recht eigentlich eine Mischung der Tradition des An. Nev. und der Version des Rom. Nil. (hier gleich der der Marie) vorliegt, indem durch die letztere der Uebersetzer veranlasst wurde, die Dreizahl der Zeugen auf eine so originelle Weise zu reduzieren. — Y I teilt diese Abweichung nicht mit LY, und hat hier nur das Besondere, dass unter den drei Zeugen der Fuchs vorkommt, von dem im Latein keine Rede ist. (Robert II 449):

> Le chien amainne pour sa part
> L'écoufle, le loup et regnart.

Hierin ist Y I völlig selbständig.

VII. De Fure uxorem ducente.

Die Fabel, wegen welcher ich auf die Besprechung von Y I verweise, ist hier wegen eines Umstandes zu bemerken: Während bei

Phrädrus (I 6) und nach ihm bei den älteren Lateinern auf die Frage:

Quidnam futurum est, si crearit liberos? (V 9)

keine Antwort gegeben wird (so im An. Nil., Cod. Weiss., Rom., An. Nev., Neckam, Rom. Nil., etc.), weicht Marie ab, indem sie den Schöpfer antworten lässt (Roquef. VI):

La Destinée dunc respundi:
Veir avez dit, leissuns ensi
Cum il a esté grand tens a
Kar jà par mei n'enforcera.

An Marie schliesst sich an die Sammlung LBG (8): Jupiter ergo, suis vocibus et istis commotus, dixisse fertur Superorum consilio: Si igitur tam nociva fieri possunt Solis connubia, volumus eum sicut ante sine conjuge remanere et liberis. — Dazu stimmt nun auffallender Weise auch LY, wo es heisst (V. 431 ff.): Por eschiuer si grant domaiges Ne uoil ie que cilz mariaiges Per meniere qui soit se face. Viuez tuit segurs per ma grace, nachdem schon einige antwortende Verse vorausgegangen sind. Hier kann LY ebensowohl durch LBG, als durch Marie selbst, beeinflusst sein.

VIII. De Lupo et grue.

Diese Fabel werde ich auch bei Neckam I zu besprechen haben, worauf ich verweise.

Die unnatürliche, übertriebene Kürze des An. Nev. zwingt hier die Uebersetzer zu Erweiterungen, und es wäre sonderbar, wenn nicht der eine oder andere sich dabei von fremden Versionen beeinflussen liesse. In der That können wir eine solche Beeinflussung verzeichnen: Die älteren Lateiner, so Phädrus, An. Nil., Cod. Weiss., Rom., An. Nev., auch Odo de Ceritonia (Herv. II 602) bieten nichts davon, dass die Tiere vom kranken Wolf zusammengerufen worden seien. Dies geschieht erst bei Marie und der von ihr abhängigen Sammlung LBG; ferner, wenn auch weniger deutlich, bei Neckam:

Marie (Roquef. VII): Tutes les bestes assanbla, Et les oiselz a sei manda, Puiz lur fait a tuz demander Se nus l'en seit mediciner. Entr' ax unt lur cunsoile pris E chascuns en dist son avis; Fors la Grue, se dient bien, Ni ad nulz d'iaus ki saiche rien . . . .

LBG (Herv. II S. 504): Lupus ergo, potens in curia Leonis utpote summus praepositus, bestias adesse jussit . . . Quaesivit ergo, si aliqua artem medendi novisset, qua sibi subvenire posset. Et quaedam discreta Vulpecula esse potuit et eloquens Lupo respondit, etc. Man sieht, dass der Verfasser von LBG hier wieder einmal seine Abhängigkeit von Marie mit ziemlichem Erfolg zu verbergen sucht; obwohl dieselbe, so meine ich, auch hier unleugbar ist. Ich habe die Stelle absichtlich so weitläufig citiert, weil sie für das Folgende von Wert ist: Bei LY heisst es nämlich (V. 469 f.) Oiseas et bestes s'asamblarent, Per commun consoil acorderent. Que la grue deust ce faire. Es ist also ganz klar, dass ein Zusammenhang mit LBG ausgeschlossen ist, da doch sicher der Umstand, dass der Fuchs den Vorschlag macht, nicht übersehen worden wäre. Marie und LY dagegen haben sowohl die deutlich ausgesprochene Versammlung als den Umstand gemeinsam, dass nicht ein besonderes Tier, sondern alle zusammen den Vorschlag machen. LY lehnt sich also auch hier an Marie an.

XII. De Mure urbano et rustico.

Die älteren Lateiner, auch Rom. Nil. I 11, beschränken sich darauf, zu konstatieren, dass die Hausmaus auf ihrer Wanderung zur Feldmaus gekommen sei, ohne indes einen Grund für diese Wanderung anzugeben. Marie dagegen thut dies (Roquef. 9): Ci dist d'une Suriz vileine Ki a une vile prucheine, Voleit aler pour deporter, Parmi un bos l'estuet aler. Ihr schliesst sich wieder einmal die Sammlung LBG an (XI): Mus quidam de villa sua, in qua natus et educatus fuit, ad aliam villam transire voluit. (LBG lassen also weg, dass die Hausmaus zu ihrer Unterhaltung gegangen sei). — LY nun bietet diese Begründung auch: (V. 633 — 636) Une rate en citey norrie De seiorner fut enoie. Por recourer son apetit Esbatre se uai un petit; hier ist aber, wie man sieht, die Angabe des Zieles weggelassen, und als Ursache nur noch der Zeitvertreib übrig geblieben. Eine Entlehnung von LBG ist demnach ausgeschlossen, da diese Sammlung ja gerade dieses Motiv weglässt, wie eben erwähnt. Wenn man nicht, was kaum statthaft, einen Zufall annehmen will, so muss man sagen, LY ist auch hier wieder von Marie abhängig, und zwar haben sich LY und LBG in das von Marie Gebotene geteilt. — Y I bietet keine Ursache zu Bemerkungen.

XIV. De Aquila et Testudine.

Diese Fabel ist, wie W. Foerster in der Anmerkung zu Fabel XIV mit Recht sagt, durch ein Missverständnis fast ganz sinnlos geworden, verdient aber doch eine ausführliche Behandlung, da die Version, wie sie LY bietet, sich durch ein einfaches Missverständnis nicht vollkommen erklären lässt, und da die Fabel überhaupt in vieler Beziehung interessant ist.

Dieselbe hat im Laufe der Zeit eine eigentümliche Wandlung erfahren, und scheint schon sehr früh ein Schmerzenskind der Bearbeiter

geworden zu sein. — Die tiefgreifende Aenderung des Sinnes, die wir
dabei konstatieren müssen, lässt sich wohl am besten durch eine Vergleichung der verschiedenen Fassungen der Moral darstellen: Bei Phädrus II 6 lautet dieselbe: Contra potentes nemost munitus satis; Si
vero accessit consiliator malficus, Vis et nequitia quicquid oppugnant,
ruit (V. 1—3). Wesentlich gleichen Sinn hat die Moral im Cod. Weiss.
II 5, und im Rom. I 13, bei welchem sie lautet: Quod qui tutus et
munitus est, malo consiliatore everti potest; auch Rom. Nil. I 13 stimmt
dazu. — Vergleichen wir damit die etwas dunkle Moral im An. Nev.:
De se stultus homo subuersus turbine lingue Corruit et fortes ista pro-
cella rapit (Foerster XIV 9 — 10; bei Hervieux lautet sie anders), so
finden wir, dass auf einmal der Adler die Rolle des betrogenen Tölpels
spielen muss, während er sonst doch nur die rohe Kraft im Gegensatz
zur List und Schlauheit repräsentiert. Denn es ist mir nicht gelungen,
aus den eben citierten Versen des An. Nev. einen anderen Sinn heraus-
zubringen, als den folgenden: „Ein Thor, der durch den Wirbelsturm
der Zunge *subversus est de se,* dem gewissermassen ein Bein gestellt
wird, stürzt zusammen; sogar die Starken reisst dieser Sturm dahin.“
Hier ist nur auffällig, dass der Adler *stultus* genannt wird. Wahrscheinlich hatte man auch das *ineptum* (V. 3) auf *aquilam* bezogen,
und er war somit als der Dumme sehr geeignet dazu, irgend einem Betrug zum Opfer zu fallen. Dass es *ineptam* heissen müsste, stört nicht:
Fälle, dass *aquila* im mittelalterlichen Latein männlich gebraucht ist,
liessen sich mit Leichtigkeit eine Menge anführen. — Der An. Nev.
beschränkt sich also darauf, den Adler als den Geprellten zu bezeichnen, ohne dabei genauer anzugeben, in welcher Weise er geprellt
worden sei. Er scheint stillschweigend vorauszusetzen, — im Zusammenhang mit der Vorlage der Marie de France?! — dass die Krähe selbst
das Fleisch des heruntergefallenen Tieres gefressen habe. Bei Marie,
Roquef. 13, lesen wir nämlich ganz ausführlich, dass die Krähe selbst
das Fleisch frisst: La Corneille fust en agait, Avant ala, le bec uvri,
Fiert l'Eschaille, un po l'ovri; Le Peissonet dedens menja, etc.; und
dem entsprechend die Moral: Par ceste fable dou Peissun Munstre
l'essanple del Felun Ki par agait è par engin Mescunseille sun bun
veisin; Tel chose li cunseille a faire Dunt cil ne puet à nul chief traire;
E quant il sunt onq mielx ensamble; Par traïsun li tolt è enble L'aveir
que cil a porchacié Par grant travail è gaaigné[1]).

---

1) Dass die vorliegende Stelle des An. Nev. bei Hervieux II 391 anders lautet,
indem *ineptum* zu *onus* gezogen wird, und im vorletzten Vers statt *stultus*: *tutus*
steht, so dass der Sinn ist: Ein Mann, der seiner selbst gewiss ist, etc. (hier

Dass zwischen Marie und der (von Foerster gebotenen) Lesart des An. Nev. ein Zusammenhang besteht, halte ich für unabweisbar, da diese Aenderung sonst nicht vorliegt. Sie mag ursprünglich hervorgerufen worden sein dadurch, dass die Krähe sich einen Teil der Beute ausbedingt, s. Phädrus II 6, V. 11: Promissa parte suadet, etc.; und Rom. I 13: Aquilla illi partem promisit; Marie (Roquef. XIII 10) S'ele au peissun le lais partir; LBG XIII: Si mecum dividere velis, sumendi tibi formam monstrabo. — Von da war der Schritt nicht mehr gross zu der Anschauung, dass die Krähe sich allein der ganzen Beute bemächtigt, wie sie bei Marie klar ausgesprochen ist, und in der Lyoner Hs. des An. Nev. wohl auch zu Grunde liegt. Doch davon sogleich.

Bevor ich zu LY zurückkehren kann, muss ich einige Bemerkungen einfügen über das Wort, welches in dieser Fabel vielen Bearbeitern Mühe gemacht zu haben scheint: nämlich über das Wort *testudo*. Der eigentümliche Umstand, dass eine ganze Reihe von Bearbeitern sich gerade bei diesem Worte die gröbsten Irrtümer haben zu Schulden kommen lassen, fordert zur Erklärung auf: Die Ursache der ganzen Verwirrung ist nämlich Romulus, der das *cornea domo*, welches Phädrus (II 6, V. 5) hat, durch *cornua fracta* wiedergibt, wohl schon missverständlich. Dies war die Ursache weiterer Veränderungen und der An. Nev. schreibt (XIV 2): Hanc sua conca tegit; c o r n u a l o n g a latent. Er stellt sich wohl eine Schnecke vor, und steht darin keineswegs allein, denn auch Odo de Ceritonia (Hervieux II 628) hat denselben Irrtum: Testudo duo cornua erigit; set, si cum palea vel spina tangatur, statim cornua retrahuntur et infra testam se includant; und das Gleiche bietet auch der von Odo abhängige Joh. de Schepeya 44. — Dass man sich thatsächlich eine Schnecke vorstellte, beweist am allerdeutlichsten das Bild bei Y I (Rob. II 453)[1]). Dort wird nämlich in der That der Adler

natürlich von der *testudo*), kommt kaum sehr in Betracht, da die Hervieux'sche Ausgabe des An. Nev. wenig vertrauenerweckend ist, zumal er nicht einmal angibt, nach welchen Handschriften er sie veranstaltet. Die genannten Aenderungen sehen ganz aus, wie ein später Versuch, den Text des An. Nev. wieder mit Rom. in Einklang zu bringen.

Wäre die Ausgabe Hervieux' nicht so wenig zuverlässig, so läge der Gedanke nahe, dass sie den ursprünglichen Text böte, und dieser erst unter Einfluss der Vorlage der Marie geändert worden sei; was jetzt ausgeschlossen ist.

1) Was Hervieux I 487 sagt: Les miniatures de son livre (des bekannten Buches von Robert) ne sont que la caricature de celles du manuscrit: elles ne donnent une idée exacte ni de la finesse du dessin, ni de la dégradation du coloris généralement monochrome", hat hieher keinen Bezug, da er ja nur von der Genauigkeit der Nachahmung spricht. Wir dürfen also dem Bilde wohl vertrauen.

dargestellt mit einer grossen Schnecke im Schnabel, ganz genau entsprechend dem *limace* von LY (V. 754) und dem *un limas* von Y 1
(Rob. II 453). — Um die Unwahrscheinlichkeit, dass der Adler eine
Schnecke raubt, kümmerte sich ein mittelalterlicher Autor nicht viel,
und mit Recht; denn die, dass er eine Schildkröte erbeutet, ist nicht
viel geringer. Unverständlich ist nur, wie man es sich vorstellte, dass
der Adler der Schnecke nicht beikommen konnte. — Etwas klarer ist
dies bei der Vorstellungsweise der Marie, die aber auch nicht recht gewusst hat, was sie mit dem Tier anfangen solle. Sie gebraucht nämlich das englische Wort *weoloc*, in der Form *welke, guelque*, und beweist
gerade dadurch, sowie durch den Ersatz: *Escaille, Eschaille, Eschalle*
(Roquef. XIII), dass sie es nicht verstand und daher nicht besser wieder-
geben konnte, als durch „Schaltier“. Sie stellt sich, bei der Eng-
länderin leicht erklärlich, eine Muschel vor; denn nur so dürfte das
eigentümliche *peisonet* einigermassen klar werden. — Doch bleibt auch
dann noch dunkel, wie sie sich den Vorgang denkt: bei ihr wird die
Schale nicht zerschmettert, sondern die Krähe macht eine Oeffnung
hinein, sonderbarer Weise so klein, dass der Adler nicht beikommen
kann: (Roquef. XIII) Le pertuiset si petit fist Ke li Aigles ni avenist.
Vielleicht stellt sie sich vor, dass die Krähe mit der Spitze ihres
Schnabels die herabfallende Muschel auffängt und durchbohrt? — Man
sieht, Verwirrung über Verwirrung.

Bis zum Uebermass hat sich nun diese Konfusion gesteigert beim
LY, und zwar nicht sowohl durch Schuld des Uebersetzers, als durch
die seiner Vorlage, welche ein paar Verse mehr bietet, als die anderen
Handschriften. Diese Verse nun sind rettungslos verderbt, erregen aber
die Vermutung, dass sie es erst durch Abschreiberhand geworden
seien. — Wir finden nämlich in den Varianten bei Foerster, dass L
(die mit LY unmittelbar verbundene Hs. des An. Nev.) nach Vers 8
einschiebt: Ad. I. contra uolucris monita testudo fertur ad austra. Inde
cadens fractus fit cibus arte mala. — Der erste Vers gibt, so wie er
ist, keinen Sinn, da ja die Krähe abräth von dem, was sie sonst räth.
Sollte nicht der Vers ursprünglich eine andere Fassung gehabt haben,
mit dem Sinn, dass die testudo zu Folge der Ermahnungen der Krähe
nach oben getragen wird? Dann gäbe der nächste Vers recht wohl
einen Sinn: „Herabfallend zerbricht sie, und wird durch die böse List
der Krähe zu ihrer (der Krähe) Speise“, was also nur eine weitere Ausführung des Gedankens, wie der Version des An. Nev. bei Foerster
zu Grunde liegt, bedeuten, und mit der Darstellung der Marie völlig
übereinstimmen würde. — So, wie der Text bei L. lautet, warnt indessen die Krähe vor zu hohem Fliegen, und der sinnlose Vers hat die

ganze Uebersetzung, in LY, zu Grunde gerichtet. Foerster, dessen Anm.
zu Fabel XIV hier zu vergleichen ist, sagt dort: „Im Französischen ist
nicht abzusehen, warum das Fleisch dem Raben, aber nicht dem Adler
nützen sollte“, womit er sich auf folgende Verse bezieht: (757 — 760)
Li dit que cel fais li bailloit. Quar por son us riens ne ualoit: „Ce
ne est chose couenable Pour toi, a moi est profitauble“. Auch hier trifft
indessen den Uebersetzer nur wenig Schuld: Der erste Vers entspricht
dem Gedanken nach dem *S'ele au peissun le lais partir* der Marie,
modifiziert durch das Nachfolgende, was der Bearbeiter durch folgende
Abteilung erhielt: Ineptum fers onus; hoc fiet utile, crede, mihi. Er
hat also das *ineptum* mit Hervieux zu *onus*, aber auch das *utile* zu *mihi*
bezogen. — Soweit kann man also die Lesart von LY noch erklären.
Jeglichen Sinn verliert dagegen die Uebersetzung von dem Augenblick
an, wo der Bearbeiter die Krähe thatsächlich eine Warnung aussprechen
lässt. Dadurch ist auch die Moral ganz sinnlos geworden, da der Verfasser der Fabel den missverstandenen Sinn zu Grunde legt, und nach
einigen frei eingeführten Versen so schliesst: (V. 777—778) Maint haut
home sont en uitance Venuz por lour outrecuidance, wobei er *turbine
lingue* durch *outrecuidance* zu übersetzen scheint.

Die Fabel ist, wie wir gesehen haben, eine wahre Sammlung von
Missverständnissen. Interessant ist dabei die Uebereinstimmung zwischen
Marie und dem An. Nev. — Ob auch eine Anlehnung von LY an Marie
vorliegt, lasse ich dahin gestellt, obwohl einiges dafür spräche. — Wenn
wir nun einen Blick auf Y I werfen, so sehen wir, dass er treu dem
lateinischen Texte folgt, aber etwas weiter geht, als dieser, indem er
die Krähe sich direkt der Beute bemächtigen lässt: Cest viande a il
perdue. La corneille s'en est péue. Er fasst also auch den Adler als
den Betrogenen — Unklar bleibt nur der drittletzte Vers der eigentlichen Fabel. Autre y vet pourchacier et querre. — Eine direkte Einwirkung der Marie auf Y I brauchen wir hier nicht anzunehmen. Y I
hat nur den bei dem An. Nev. etwas dunklen Sinn klar ausgedrückt,
und ausgesprochen, was jener nur andeutet.

Gänzlich unverständlich ist mir, wie W. Foerster, Anmerkung zu
F. XIV am Ende, sagen kann: „Das Warnen vor zu hohem Fliegen
ist nur bei der Variante (s. Robert's Yzopet) verständlich, wo die Krähe
das heruntergefallene Fleisch früher verzehrt, bevor der Adler nach-
kommt.“ Meiner Ansicht nach ist das Warnen dann erst recht unverständlich, da die Krähe zu ihrem eigenen Nutzen zum hohen Fliegen
rathen muss; wie sie bei Y I ja auch thut.

Wie es scheint, hat Herr Prof. Foerster den latein. Text der Fabel
anders aufgefasst als ich; und ich wäre begierig, zu erfahren, wie.

XXI[b]. De Ranis a Ioue querentibus regem.

Der zweite Teil dieser Fabel scheint mir überall wesentlich der gleiche, nur dass der An. Nev. einen Umstand weglässt, den wir sonst meist finden: dass die Frösche sich auf den Balken setzen. Man vergleiche: Phädrus I 2: Lignumque supra turba petulans insilit. — Aehnlich der An. Nil. — Cod. Weiss. III 7: Ascenderunt supra lignum. — Rom. II 1: ascendunt supra illud, et intelligunt esse nihil, et conculcaverunt pedibus. — Rom. Nil. II 1: ascendentes super illud conculcaverunt pedibus suis. — Marie (Roquef. 26): Sor lui muntèrent à un fès. — LBG XIX . . . . spreverunt illum, et sibi illum subjecerunt, super eum residentes et viliter ipsum conculcantes.

Wie schon erwähnt, bietet der An. Nev. diesen Zug nicht, sondern hat einfach (V. 9—10): Ut nouere trabem per se non posse moueri, Pro duce fecerunt tercia uota Joui. — LY dagegen, der im Uebrigen in dieser Fabel seiner Vorlage genau folgt, weicht ab: (V. 1148) Vers lui s'an uont, sus lui s'essirent; schliesst sich also der sonst üblichen Lesart an, ohne dass man indessen schon hier entscheiden hönnte, von welchem Vertreter derselben er hier beeinflusst ist.

Auffällig ist, dass, während Y I in Uebereinstimmung mit seiner Vorlage diesen oben erwähnten Umstand weglässt, auf dem beigegebenen Bilde die Frösche auf dem Balken sitzend dargestellt werden, worauf wir später noch einmal werden zurückkommen müssen. — Wegen dieser Fabel siehe übrigens auch Y I Nr. XXI.

XXVIII. De Leporibus et Ranis.

Diese Fabel, die bei Y I weitläufiger besprochen werden wird, ist hier nur wegen eines Umstandes zu beachten: LY hat ein paar merkwürdige Verse, von denen man nicht versteht, wie sie in den Text kommen; ich meine die Verse 1399—1402: D'atrui chose alons facant queste, Por ce nous fait paour moleste; Quar qui uuet l'autrui chose ambler, Souant suet de paour trambler. Seit wann wurde denn den Hasen vorgeworfen, dass sie stehlen? — Der Text des An. Nev. bietet nichts davon; wenn wir aber die von Foerster gebotenen Varianten in Betracht ziehen, so finden wir die Ursache: L, die Vorlage von LY, hat nämlich im 10. Vers: Questa fuge causam suggerit, atque timor und daher steht bei LY *Queste* und *paour*. — Woher aber die Lesart von L? Sollte nicht auf ital. Boden *illa* durch *questa* ersetzt worden, und die übrige Aenderung dem Versuch zuzuschreiben sein, die Stelle wieder in's Reine zu bringen? Jedenfalls ist die Stelle ein Beweis, dass LY wirklich nach L übersetzt ist.

XXX. De Rustico et Angue. (Hausgeist.)

Wegen dieser Fabel verweise ich auf das, was O. Keller in seinem
Aufsatz „Ueber die Geschichte der griechischen Fabel", Jahrbuch für
klass. Philologie IV. Supplementb. S. 347 f., sagt. Statt auf die Geschichte der Fabel im Allgemeinen einzugehen, zu der ich nichts Neues
zu liefern im Stande bin, sei es mir gestattet, das, was Keller an dieser
Stelle aus Benfey, „Pantschatantra", citiert, teilweise zu wiederholen.
Dort heisst es: „Bei den griechischen Darstellungen muss man sich
fragen: warum will der Bauer die Schlange, die seinen Sohn umge-
bracht hat, sich wieder befreunden? . . . In den lateinischen Darstellungen dagegen fehlt jeder vernünftige Grund, warum er die Schlange
tödten will; denn es wird nicht erzählt, dass sie seinen Sohn getödtet
hat. . . . ." Hier habe ich nur Folgendes zu bemerken: Im Gegensatz
zu den lateinischen Fassungen (An. Nil., Cod. Weiss., Rom., An. Nev.)
wo, wie Benfey bemerkt, die Tödtung des Sohnes nicht erwähnt wird,
wodurch eines der Hauptmomente der Fabel in Wegfall kommt, tritt
dieser Zug wieder bei Marie (und LBG, Nr. 115), bei der die ganze
Fabel von Anfang an stark verändert ist, auf, aber, und das ist besonders zu betonen, nicht mehr als Grund, sondern als Folge des von
dem Bauern auf die Schlange gemachten Angriffes. Unverkennbar ist
dies ein missverstandener Rest der alten Fassung, welche in der griechischen Fabel in ihrer ersten Hälfte erhalten ist, und die Version der
Marie muss, das ist unabweisbar, in irgend einem, wenn auch noch so
entfernten, Verwandtschaftsverhältnisse zur griechischen Version stehen.

Auffällig ist nun, dass auch LY diesen Zug aufweist, aber wieder
in etwas anderer Verwendung als bei Marie: abweichend vom An. Nev.,
wo die Schlange sonderbarerweise auf die Bitte um Versöhnung ein-
geht (Sed si te piguit sceleris, scelus omne remitto. Nam gemitus
ueniam uulnere cordis emit.), hat LY die Aufforderung, der Bauer solle
wiederkommen und sein Liebstes mitbringen: (V. 1473—1476) Demain
a moi retorneres, La chose que muez ameres, Sanz armes auuec toi
amoinne, Ie uous donrai richesce ploinne. Als sein Liebstes bringt
der Bauer natürlich seinen Sohn mit, der vor seinen Augen getötet
wird; aber auch er selbst fällt dem gleichen Geschick anheim. — Es
scheint nicht, dass LY diese Darstellungsweise mit irgend einer anderen
Fabelsammlung gemein hat; dass er aber auch in Bezug auf die Tötung
des Sohnes selbständig sei, dafür spricht nichts; vielmehr glaube ich,
annehmen zu müssen, dass er sie aus einer der beiden ihm erreich-
baren Sammlungen, die dieselbe boten, entlehnt hat, also entweder aus
Marie oder LBG. — In LY finden wir ferner auch die Lücke aus-

gefüllt, welche die lateinischen Bearbeitungen für jeden Unbefangenen
bieten, indem nämlich in unserer Uebersetzung ein Grund für den Zorn
des Bauern angegeben wird: (V. 1455—56) Apres en ioant se corrouce
Et son seignour en sa main bloce. Hierin scheint er ganz selbständig
zu sein.
Y I hat keinen dieser Züge mit LY gemein, und stimmt genau
zur lateinischen Vorlage.

XXXI. De Ceruo et Oue et Lupo.

Hier ist nur zu bemerken, dass bei LY nicht der Hirsch, der doch
ursprünglich eine der handelnden Personen ist, auftritt, sondern der
Rabe *Li corbeaz*, was in so fern keine ungeschickte Aenderung ist, als
der Hirsch auch selbst schon gross und stark genug wäre, um dem
Schaf Furcht einzujagen, auch ohne Hilfe des Wolfes. Die Aenderung
stammt indessen nicht vom Uebersetzer, sondern aus seiner Vorlage L,
welche, wie die Varianten bei Foerster zeigen, überall statt *cervus corvus* bietet, ursprünglich wohl ein Lesefehler, der sich allmählich über
die ganze Fabel verbreitet hat.
Lese-, resp. Schreibfehler spielen ja auch sonst bei Umbildung der
Fabeln eine grosse Rolle, wie wir mehreremale zu konstatieren Gelegenheit haben werden.

XLIV. De Quadrupedibus et Avibus.

Bietet nur das Auffallende, dass bei LY nicht die Vierfüssler im
Allgemeinen, sondern nur die Pferde auftreten, *Li cheuaus* (Plural) in
der ganzen Fabel, und zwar wieder in Uebereinstimmung mit L, das
nach der Angabe W. Foerster's die Ueberschrift hat: De e q u i s et
auibus. Doch scheint es, da Foerster nichts weiter angibt, und da auch
das Versmass dagegen spräche, dass im ersten Vers das *Quadrupedes*
nicht geändert wurde. LY hat also die falsche Lesart, welche seine
Vorlage in der Ueberschrift, aber nur in dieser, bietet, überall durch-
geführt.

Wenn wir nun das eben Besprochene überblicken, so müssen wir
in Anknüpfung an das zuletzt Gesagte bestätigen, was W. Foerster
auf S. IV seiner Ausgabe sagt: dass die Handschrift aus dem lateinischen Original eigens übersetzt sei. — Es wäre ja wohl möglich, dass
die Uebersetzung nach irgend einer andern Hs. des An. Nev. verfasst,
und dann nur rein zufällig mit der sie begleitenden Handschrift L zu-
sammengeschrieben worden wäre. Aber wenn wir das bei Besprechung

der Fabeln XXVIII, XXXI, XLIV und auch XIV, (wo die Sinnlosigkeit
der Uebersetzung [s. die Behandlung dieser Fabel] durch den besprochenen auffälligen, und nur bei L zu findenden Vers verursacht
ist) Bemerkte in Betracht ziehen, so müssen wir den oben angeführten
Satz dahin präzisieren, dass LY unmittelbar aus der ihn begleitenden
Version des An. Nev., also aus L, übersetzt ist.

Daraus lässt sich indessen nicht der Schluss ziehen, den Foerster
daraus ziehen will, wenn er sagt (S. IV): „Die vorliegende Uebersetzung ist von den andern bis jetzt bekannten altfranzösischen Fabelbearbeitungen unabhängig, wie es schon der Umstand erklärt, dass sie
auf Bestellung aus dem lat. Original eigens übersetzt worden ist." Ich
glaube vielmehr, dass die andern von mir besprochenen Fabeln den
Beweis liefern, dass LY einigemale von einer Fabelsammlung abhängig
ist, deren Wichtigkeit sich immer deutlicher zeigt (s. Mall, Zur Geschichte der mittellateinischen Fabellitteratur) und die uns noch öfter
beschäftigen wird, nämlich von dem Esope der Marie de France.
Ich fasse die Fälle noch einmal zusammen :

1) Fabel IV. — LY: *muert de froit*; Rom. Nil.: *morte periit*; Marie:
de freit fu morte. — Grössere Wahrschein-
lichkeit für Marie. — Dazu die Zweizahl der
Zeugen, die indessen hier nichts beweist.

2) Fabel VII. — LY: Antwort der Gottheit auf die Bitte der Frösche,
wie bei Marie und LBG.

3) Fabel VIII. — LY: Versammlung der Tiere; diese machen den
Vorschlag, dass der Kranich helfen solle, gemeinsam. Beides wie bei Marie. (LBG sind
auszuschliessen, weil dort der Fuchs den
Vorschlag macht).

4) Fabel XII. — LY entlehnt den Eingang der Fabel aus Marie. —
LBG sind wieder auszuschliessen.

5) Fabel XIV. — LY: *Li dit que cel fais li bailloit*, ähnlich wie bei
Marie. — Bei Phädrus, Rom., etc. verspricht
der Adler der Krähe einen Teil der Beute,
aber diese verlangt denselben nicht schon im
Voraus. Nur LBG haben das Gleiche.

6) Fabel XXI[b]. — LY hat mit Phädrus, An. Nil., Cod. Weiss., Rom.,
Rom. Nil., M a r i e , u. LBG gemeinsam den Zug,
dass sich die Frösche auf den Balken s e t z e n.

7) Fabel XXX. — LY hat mit Marie und LBG gemeinsam die Tötung
des Sohnes, allerdings unter veränderten Um-
ständen.

2

Wir sehen also, dass in sieben Fällen LY Züge aufweist, welche nicht als sein Eigenthum aufgefasst werden können, da sie auch in anderen mittelalterlichen Fabelsammlungen sich finden. — Wenn nun eine Sammlung vorhanden ist, die alle diese Züge enthält, während andere Sammlungen nur einen oder den andern derselben aufweisen, so ist doch wohl der Schluss unabweisbar, dass diese Sammlung auch die Quelle sei, aus welcher alle diese Züge entnommen sind. Die einzige Sammlung, bei der dies in unserem Falle zutrifft, ist nun eben der Esope der Marie. — Vier der verzeichneten Fälle könnten auch aus LBG stammen; doch spricht, abgesehen von dem eben ausgesprochenen Grunde, schon a priori eine grössere Wahrscheinlichkeit dafür, dass der Verfasser die etwa ein Jahrhundert ältere Marie, als dass er die Sammlung LBG gekannt habe, deren Verfasser ihm fast gleichzeitig gewesen sein muss. (Prof. Mall gibt auf S. 192 [Zur Gesch. etc.] an, dass der Verfasser von LBG „wenigstens zwei Jahrhunderte nach der Eroberung lebte", und LY, dessen Hs. doch wohl das Original selbst ist, ist nach W. Foerster S. I „spätestens dem Anfang des XIV., eher dem Ende des XIII. Jahrhunderts" zuzuschreiben. Sie treffen also ungefähr in dieselbe Zeit). — Ausser LBG kann überhaupt keine Sammlung mehr ernstlich in Betracht kommen: Der Rom. Nil., der zwei der aufgeführten Fälle aufweist, ist aus dem schon besprochenen Grunde abzuweisen, zumal es bei der Unwissenheit, die unser Uebersetzer an den Tag legt, nicht angemessen erscheint, ihm eine bedeutende Kenntniss der älteren Fabellitteratur zuzutrauen. Hätte er diese besessen, so hätte er sich kaum durch seine Vorlage zu Sinnlosigkeiten hinreissen lassen, wie in der Fabel De Aquila et Testudine, und hätte auch keine Verstösse begangen, wie in der Fabel De Mula et Musca (Nr. XXXVI), wo er das *Quem sustinet axis* (V. 7) seiner Vorlage wiedergibt durch *Celui ... cui li firmamant Sostient et tuit li elemant* (V. 1783 — 1784). Er fühlt an dieser Stelle das Sonderbare der Sache allerdings selbst, und sucht es zu verbessern, indem er hinzufügt: *ie di lo iou de sa puissance* (V. 1785); lässt aber den Fehler in seiner ganzen Lächerlichkeit bestehen. Dieser bietet uns indessen den besten Fingerzeig, in welchen Bahnen sich seine Gedanken zu bewegen pflegen: er ist geistlichen Standes, und liebt es, keine Gelegenheit zu moralisieren vorübergehen zu lassen. Dadurch geht seine Uebersetzung gern etwas in's Breite, wozu noch kommt, dass er sich, wie auch Foerster S. IV bemerkt, selten wörtlich an seine Vorlage hält. Seine Kenntnis der alten Sprachen (man vergleiche dazu die Uebersetzung des *hydrus* in Fab. XXI) und der Fabellitteratur ist gering. Er scheint überhaupt nur den Esope der Marie gekannt zu haben, aus dem ihm einige Reminiscenzen in die Feder geflossen sind.

Denn dass es sich bei den besprochenen Uebereinstimmungen um
solche, und nicht um bewusste Entlehnung handelt, scheint mir schon
der Umstand zu beweisen, dass er blos Einzelnes entlehnt. Weitere
Beweise sind Fabel IV, wo die Zweizahl der Zeugen auf eine so eigentümliche, originelle Art gewonnen wird; und Fabel XXX (De rustico et
angue), wo eine bewusste Herübernahme diese eigentümliche Gestaltung
der Fabel sicher nicht ergeben hätte.

Ich glaube, mein bis jetzt errungenes Resultat am besten so for-
mulieren zu können: LY ist wohl im Ganzen genau und unmittelbar
aus der ihn begleitenden Hs. des An. Nev. (L) geschöpft, ist aber von
den übrigen altfranzösischen Fabelsammlungen n i c h t völlig unabhängig,
sondern weist eine ziemliche Reihe von Reminiscenzen aus dem Esope
der Marie de France auf.

Die Annahme, dass ein Zusammenhang irgend welcher Art zwischen
LY und Y I bestände, könnte durch Foerster's Anm. S. 153 (unten)
erregt werden, der sagt: „Beachte aber, dass Roberts Y (unser Y I)
und Marie die Thaysfabel auslassen", (wie dieser Ausfall zu erklären
ist, lasse ich hier dahingestellt), ist aber, wie man nach Durchlesung
meines Aufsatzes über Y I überzeugt sein wird, entschieden abzulehnen.
(Uebrigens gehört ja die Thaisfabel ursprünglich zur Sammlung; s. die
Liste bei Hervieux I S. 493 f. und das Folgende.)

Sprachliche Uebereinstimmungen sind nur in so ganz geringem
Masse vorhanden, dass sie sich leicht durch die Gemeinsamkeit des
Stoffes erklären lassen. — Doch wird dies später noch eingehender be-
sprochen werden.

B. Yzopet I.

Grössere Schwierigkeit, wenn auch vielleicht grösseres Interesse,
bietet einer Bearbeitung von unserer Seite die von Robert in seinem
bekannten Werke zuerst mit Yzopet I bezeichnete Uebersetzung des
Anonymus Neveleti. Sie reizt vor allem zu einer sprachlichen und text-
kritischen Behandlung. Weshalb ihr diese nicht hat werden können,
ist in der Einleitung schon besprochen worden. Was wir hier geben
wollen, ist ein Studium des Verhältnisses von Y I zu seiner Vorlage
und zur übrigen mittelalterlichen Fabellitteratur.

Bevor indes zu dem letzteren geschritten werden kann, müssen
einige Fragen besprochen werden, welche sich jedem von selbst dar-

bieten, der das, was Robert und Hervieux über die verschiedenen Hss. dieser Uebersetzung sagen, mit Aufmerksamkeit durchliest.

Hervieux besonders bietet uns hier, wie sonst oft, eine Fülle wertvollen Materials, ohne sich indessen die Mühe zu geben, dasselbe zu sichten; so dass man oft nicht umhin kann, sich zu fragen, wie es kommt, dass er die fast von selbst sich darbietenden Konsequenzen nicht selbst zieht.

Es sind bis jetzt im Ganzen sechs Handschriften unserer Uebersetzung bekannt, von denen sich vier in Paris (Bibl. nat. ms. 1594, 1595, 19123, 24310), eine in London (Grenville Library XIII), und eine in Brüssel (Bibl. royale 11193) befinden. Für uns reduzieren sich diese sechs Hss. auf vier, indem die Londoner und Brüsseler als mit der Hs. Bibl. nat. 1594 identisch aufgefasst werden müssen. Nach der ausdrücklichen Angabe von Hervieux (1 S. 523 und 531) enthalten nämlich diese drei Mss. die gleiche Anzahl Fabeln, in derselben Reihenfolge und mit denselben Zuthaten, sogar denselben Bildern; sie sind sehr wahrscheinlich alle drei von derselben Hand geschrieben, und dürfen demnach wohl als sprachlich und textlich eins betrachtet werden. Hervieux gibt wohl I S. 531—32 an, dass Varianten existieren, beschränkt sich aber auf diese Angabe, ohne irgend ein Citat, was uns berechtigt, zu glauben, dass diese Varianten nicht sehr wichtiger Natur sind, und wohl derart, wie sie einem und demselben Schreiber, wenn er dieselbe Vorlage dreimal gleich gedankenlos abschreibt, in die Feder kommen können. Damit ist selbstverständlich nicht ausgeschlossen, dass manchmal die Hss. von Brüssel oder London eine bessere Lesart bieten können, als ihre Schwester in Paris; aber da wir uns selten oder nie mit nebensächlichen Details zu beschäftigen haben werden, so ist diese Erwägung ohne Einfluss auf das Folgende. (Sehr denkbar wäre auch, dass zwischen den drei Handschriften eine Filiation bestände, in der Art, dass der Kopist, nachdem er seine Vorlage einmal abgeschrieben hatte, sich, der leichteren Anordnung wegen, oder weil ihm das Original nicht länger zu Gebot stand, dann seiner eigenen Kopie als Vorlage bediente). Sei dem, wie es wolle, wir müssen, da wir von den Hss. in London und Brüssel keinerlei Varianten haben, sie vorläufig ignorieren, und annehmen, dass sie mit dem Ms. 1594 völlig gleich seien. Dies hat die praktische Folge, dass wir fortan nur mit vier Hss. zu arbeiten haben werden, die wir, da sie derselben Bibliothek angehören, einfach mit Ms. 1594, Ms. 1595, Ms 19123, Ms. 24310 bezeichnen wollen.

Ueber das diesen vier Hss. zu Grunde liegende Original, und die Frage, ob eine dieser Hss. selbst das Original ist, sowie die andern sich dabei ergebenden Fragen ist Folgendes zu sagen:

Was die **Reihenfolge** des Originals betrifft, so gibt uns die vergleichende Tabelle bei Hervieux I 493—495 sicheren Aufschluss darüber: das Original muss die Fabeln in derselben Reihenfolge gehabt haben, wie sie die Mss. 19123 und 24310 noch bieten (vielleicht abgesehen von **einer** Fabel?). Diese beiden Hss., die unter sich in der Anordnung völlig gleich sind, stimmen, bis auf die Fabel V, mit der der Liste bei Hervieux zu Grunde gelegten Anordnung des An. Nev. in so fern überein, als sie nur die Fabeln 19—25 eigentümlich umstellen, und Nr. 34 auslassen. Beide Umstände, diese verschiedene Anordnung und die Auslassung von 34, zeigt auch die Hs. 1595, welche sich nur insofern unterscheidet, als einige Fabeln, wohl aus Versehen, ausgelassen sind. Ms. 1594 endlich zeigt, obwohl sonst sehr eigenartig gestaltet, diese Abweichungen gleichfalls, so dass es wohl als sicher gelten darf, dass auch das Original sie aufgewiesen hat. (Die Fabel 34 ist im Ms. 1594 allerdings vorhanden, aber die Stelle, an der sie steht, — als Nr. 60! — spricht gerade für das oben Gesagte.) Ms. 1594 zeigt indessen nach Fabel 42 noch starke Abweichungen, Umstellungen, Auslassungen und Zuthaten, u. s. w., so dass die Frage gestellt werden muss, ob nicht diese Handschrift die Anordnung des Originals bietet. Wenn man indessen erwägt, dass die drei andern unter sich zusammenstimmenden Handschriften die Autorität des An. Nev. für sich haben, und dass eine späte Reduktion auf den Bestand des An. Nev. ausgeschlossen ist, weil ja gerade diese Handschriften den latein. Text aufgegeben, also jede Fühlung mit dem zu Grunde liegenden Autor verloren haben, so wird man zugeben: Die ursprüngliche Anordnung von Y I muss dieselbe gewesen sein, wie die der Mss. 19123 und 24310. — Eine Schwierigkeit bietet nur die Fabel An. Nev. Nr. V, über die wir noch einiges hinzufügen müssen, was indessen besser erst später geschieht.

Vorher wollen wir sehen, was uns die Tabelle und die übrigen Angaben über die Länge des Originals sagen: Auch hier trennt sich das Ms. 1594 von den übrigen Handschriften, denn es hat vier Fabeln (Nr. 48, 49, 50 und 60), die in den anderen vorhanden sind, **nicht,** bietet aber dafür nicht weniger als neun, die in jenen sich nicht finden; dazu zähle ich auch Nr. 34 u. 64[1]), von denen die eine nachgetragen, die andere ebenfalls eine erst nachträglich zugegebene Bearbeitung des ersten Teiles der Froschfabel ist. (Es hat demnach gar keine Berechtigung, wie Hervieux I S. 478 thut, die Fabel Nr. 64 nicht besonders zu zählen.) Das Original von Y I hatte also ausser Prolog und Epilog ursprünglich 59 Fabeln besessen. (Auch Ms. 1594 hat für Y I 64 Nummern,

---

1) Natürlich die Nummer der Liste bei Hervieux.

gegen Hervieux!). Gehörte nun aber auch das Anhängsel, der soge-
nannte Avionnet, von Anfang an zur Sammlung? Eine Betrachtung der
Thatsachen lässt diese Frage mit einem entschiedenen Ja! beantworten,
im Gegensatz zu Hervieux, der Band I S. 490 bei Besprechung der
Auslassung des Avionnet im Ms. 1595 sagt: „La raison me paraît en
être toujours la même, à savoir que toutes les additions faites à la tra-
duction du texte de Walther sont l'oeuvre d'un second traducteur in-
connu comme le premier." Er wirft also den Avianus kurzerhand zusammen mit den übrigen Zuthaten, welche die Uebersetzung im Ms. 1594
erfahren hat, ohne zu bedenken, dass die letzteren nur bei Ms. 1594
vorkommen, während der Avian auch in den Mss. 19123 u. 24310 vorliegt. Wollte man die Ansicht Hervieux' theilen, dann müsste man
auch konsequenterweise annehmen, auch die andern in Ms. 1595 ausgelassenen Fabeln (10, 41 u. 43) haben der Sammlung nicht angehört,
d. h. man müsste einer einzigen Handschrift Recht geben gegenüber
allen anderen, die unter sich übereinstimmen, was um so weniger am
Platze ist, als gerade die Hs. 1595 am flüchtigsten (kursiv, nach Robert I S. CLXVII) geschrieben ist, und dadurch die Annahme veranlasst, jene Fabeln seien in der Eile übersehen, und der Avianus aus
gleichem Grunde weggelassen worden. Wie im Folgenden bewiesen
werden wird, hat der Avianus dasselbe Schicksal in Ms. 1594 erduldet,
wie die dem An. Nev. entnommenen Fabeln, wodurch seine Zugehörig-
keit zur Sammlung bis zur Evidenz bewiesen ist. Wenn Herr Hervieux
trotz alledem an seiner Meinung festhalten wollte, so müsste er sich
dazu bequemen, drei Hände anzunehmen, nämlich den Uebersetzer des
An. Nev., den des Avianus, und endlich den Ueberarbeiter, welcher
dem Ganzen noch da und dort etwas anflickt, eine Annahme, die —
ganz abgesehen davon, dass Hervieux den Verfasser des Avionnet mit
dem Ueberarbeiter identifizieren möchte — mindestens das gegen sich
hätte, dass sie der einzigen Handschrift 1595 zu Liebe aufgestellt wäre.

Die Sammlung enthielt also ursprünglich Prolog + 59 Fabeln +
Epilog + Prolog + 18 Fabeln + Epilog, im Ganzen also 81 Stücke,
eine Zahl, die in der That in zwei Handschriften noch unversehrt vorliegt.

Dabei muss die Sammlung von Anfang an, wie sie es im Ms. 1594
noch ist, mit der lateinischen Vorlage verbunden gewesen sein. Das
beweist die Fabel XXXVIII (wenn nicht hier Ms. 1594 allein abweicht,
was unwahrscheinlich ist, da doch wohl Robert, der I S. XC die Fabel
bespricht, dies bemerkt haben müsste), wo ursprünglich *Lupus, vulpes
et simia* die Helden sind, wo aber nach der ausdrücklichen Angabe von
Robert (a. a. O.) die Vorlage von Ms. 1594 lepus statt *lupus* liest,

eine für die franz. Gestaltung der Fabel ungemein wichtige Aenderung, von der später noch eingehender gehandelt werden wird (s. die Besprechung der Fabel XXXVIII!).

Damit ist auch die Frage, ob eine der vorhandenen Handschriften das Original selbst ist, entschieden, und zwar verneint. Das Ms. 1594 kann keinen Anspruch darauf machen, da es erstens einige Fabeln nicht hat, welche die übrigen Hss. in Uebereinstimmung mit dem An. Nev. aufweisen, und da es ferner in den meisten Fällen mehr Verse hat, wie die letzteren, so dass diese gekürzt (und auf den Bestand des An. Nev. reduziert) sein müssten, was dem gewöhnlichen Entwicklungsgang, den die Texte unter den Händen von Abschreibern und Ueberarbeitern durchzumachen haben, zuwiderliefe. — Die anderen Hss., welche zum Theil dem Original in Bezug auf Zahl und Anordnung der Fabeln gleich sind (oder doch fast gleich), können, da sie den lat. Text nicht enthalten, ebenfalls nicht als Original angesehen werden.

Aus dem Umstand indessen, dass Ms. 1594, obwohl es in so vielen Punkten vom Original (ich meine natürlich in dieser ganzen Auseinandersetzung immer das Original der Uebersetzung) abweicht, dennoch die lat. Vorlage enthält, und zwar in einer Form, die sicher zum Teil einfach der Vorlage des Originals gleich ist, erwachsen einige Schwierigkeiten: Die vorher genannte Fabel beweist, dass der lat. Text von Ms. 1594 mit der franz. Uebersetzung zugleich direkt oder indirekt aus dem Original entnommen ist, da es völlig unwahrscheinlich ist, dass erst ein Abschreiber die Uebereinstimmung zwischen dem latein. und franz. Text (wieder) hergestellt hätte, indem er, beide aus verschiedenen Handschriften entnehmend, den einen oder andern je nach Bedürfnis geändert hätte. Dass der franz. Text der nachträglich geänderte wäre, ist ohnehin unglaublich, da ja unter dem Einfluss der neuen lat. Lesart die Fabel eine ganz andere geworden ist; und da sicher nicht anzunehmen ist, dass ein mittelalterlicher Schreiber einem vulgären Text zu Liebe einen lateinischen willkürlich und absichtlich ändert, so ist das vorher Gesagte bewiesen. — Man darf sonach mit ziemlicher Sicherheit behaupten, dass der grössere Teil der lat. Vorlage, wie sie das Ms. 1594 enthält, aus dem Original stammt (wohl nur mit Ausnahme der diesem fremden Fabeln). Dafür spricht ja auch die ursprüngliche Auslassung der Fabel 34, welche, wie schon erwähnt, im Original der Uebersetzung nicht vorhanden gewesen sein kann. Denn wenn der Schreiber der von uns unter Ms. 1594 verstandenen, mit den drei Handschriften in Paris, London und Brüssel identischen, Vorlage dieser Handschriften sich von Anfang an zweier Handschriften bedient hätte, einer lateinischen und einer davon getrennten französischen, so hätte er doch sicher das Fehlen von Fabel 34 bemerkt, und dieselbe gleich an ihrer Stelle eingetragen. Er folgte im Gegenteil bis ungefähr Fabel 43 sowohl in Bezug auf den lat. als den franz. Text der Vorlage, und entfernte sich erst dann von derselben, vielleicht veranlasst durch irgend eine fremde Sammlung, oder, was mir weit wahrscheinlicher ist, durch die Langeweile, und die Begier, selbst thätig einzugreifen. Eine andre Handschrift des An. Nev. musste er aber unterdessen wohl kennen gelernt haben; denn aus ihr entnahm er die ursprünglich der Uebersetzung fremden Fabeln XXI*, XXXIV und die zwei ebenfalls in einigen Handschriften dieses Autors vorhandenen Stücke: De capone et accipitre und De Lupo et pastore. Ob die übrigen von ihm zugegebenen Fabeln ihm zugehören, oder ob und von wem sie entliehen sind, wage ich jetzt noch nicht zu entscheiden; auch die andere sich notwendig ergebende Frage, wie die Auslassung von Fabel 48, 49, 50 und 60 aufzufassen sei, muss unbeantwortet bleiben.

Soviel ist indessen jetzt wohl bewiesen, dass der Verfasser der Grundlage von Ms. 1594 sich durch etwa zwei Drittel der Handschrift rein abschreibend verhält, und sich bis dahin keiner andern Hs. des An. Nev. bedient.

Daraus ergibt sich nun eine weitere, nicht uninteressante Konsequenz für die Fabel V, — ich muss sie indessen hier mit allem Vorbehalt geben — die bekanntlich in den drei anderen Hss. gemeinsam von ihrem alten Platz gerückt worden ist: Die eben gemachte Erwägung, welche ausschliesst, dass in der Grundlage des Ms. 1594 die Fabel V einer andern Hs. des An. Nev. zu Liebe wieder an ihren alten Platz gerückt worden sei, und eben der Umstand, dass die Stellung dieser Fabel beim An. Nev. und in Ms. 1594 die gleiche ist, berechtigen zu dem Schlusse, dass hier das Ms. 1594 den drei andern Hss. gegenüber im Recht ist, was so viel heisst, als eine gemeinsame Aenderung des ursprünglichen Verhältnisses, also einen Zusammenhang zwischen den letzteren, annehmen. Es wäre interessant, zu wissen, welchen Entscheid die genauere textkritische Behandlung unserer Handschriften über die Frage geben wird.

Das Verhältnis der Handschriften unter sich ist mit dem Gesagten allerdings noch keineswegs klar gestellt; die Varianten, die uns bis jetzt zu Gebote stehen, erlauben uns auch nicht, es jetzt schon weiter zu beleuchten. Zwar sind die Varianten, die Robert und Hervieux bieten, gar nicht so wenig zahlreich, dass man nichts daraus schliessen könnte (Robert bietet für Y 1 33 Var. und für den Avionnet 7: wozu für den ersteren bei Hervieux noch drei kommen), aber da wir nur in ganz wenigen Fällen drei Hss. vergleichen können, so ist unser Urteil

notwendigerweise immer ein beschränktes, ganz abgesehen davon, dass
sowohl Robert als Hervieux bei Auswahl der Varianten gerade keine
glückliche Hand gehabt haben[1]). Hervieux bietet uns zweimal die Gelegenheit, drei Hss. vergleichen zu können: Das eine mal (H. I 490)
bieten uns die beiden Verse aus dem Epilog von Y I (sie sind auch
in Ms. 1594 vorhanden, nur etwas zurückverschoben (Rob. II 502)) nur
den Beweis, dass die handschriftlichen Verhältnisse keineswegs einfach
sind, und eines genaueren Studiums wohl bedürfen (doch scheint Ms. 1594
etwas näher mit Ms. 1595, als mit 19123 verwandt).
    Die andere Stelle (H. I 492) beweist in der That viel mehr, als
Hervieux selbst glaubt. Er ist nämlich zum Teil noch in der von Robert I S. CLXVII geäusserten Ansicht befangen, der dort behauptet,
die Handschrift 2287 (bei uns Ms. 19123?) sei eine Kopie der Hs. 356
(bei uns Ms. 24310?) Hervieux hat nun wohl diese Ansicht aufgegeben
(übrigens scheint Robert das Verhältnis der beiden Hss. umgekehrt
aufzufassen, wie Hervieux; s. Robert I S. CLXVII u. Hervieux I 492),
und gibt ausdrücklich an, dass man wohl meinen könne, die eine Handschrift sei die genaue Abschrift der andern, Ms. 24310 von Ms. 19123,
dass dem aber nicht so sei: Die jüngere Hs. zeige zahlreiche Neuerungen,
und viele veraltete Wörter seien durch neuere ersetzt worden. Das
übersieht er dabei, dass die paar Verse, die er citiert, — nebenbei gesagt lassen dieselben die Neuerungen gar nicht hervortreten, wie Hervieux meint, denn *dist* und *dit*, *loup* und *leu*, selbst *aignel* und *aigneau*
sind in dieser Zeit sicher nicht so aufzufassen, zumal das letztgenannte
im Reim mit *eau* steht, wie Robert zeigt, und somit für *aignel* und
aigneau den gleichen Lautwert voraussetzen lässt; — wenigstens e i n e
Abweichung haben, welche sicher nicht als Neuerung gefasst werden
kann: nämlich *cilz* und *le leu* im Anfang des vierten Verses. Da auch
Ms. 1594 hier *le leu* hat, wie man bei Robert I 58 nachsehen kann, so
muss man jedenfalls annehmen, dass zwischen diesen beiden Hand-

---

1) Zu allem Ueberfluss passieren beiden Ungenauigkeiten oder Fehler in den
Angaben, welche die letzteren zum Teil entwerten. So gibt Robert II 34 einige
Varianten aus einer Hs. Suppl. 766 an, von der er nirgends etwas sagt, und
II 102 gibt er vier dem Avian zugehörige Varianten aus der Hs. 7616. 3, welche
doch nach seiner eigenen und Hervieux' Angabe (bei letzterem ist sie mit der Be-
zeichnung 1595 belegt) überhaupt keinen Avian enthält. — Hervieux scheint auf
S. 488, Band I, einen Druck- oder Schreibfehler zu haben, da er angibt, der erste
Vers der Fabel I laute im Ms. 1594: Un cot en un fumier estoit, und im
Ms. 1595: Un coq sur . . ., was der Aussage Robert's I 82 widerspricht, und
in Anbetracht dessen, dass Hervieux meist von Robert abhängt, als Fehler zu bezeichnen ist.

schriften irgend ein Zusammenhang, eine Verwandtschaft existiert, und ferner, dass zwischen Ms. 19123 und Ms 24310 gar keine so nahe Verwandtschaft, wie sie Robert und Hervieux wegen der Uebereinstimmung in Ordnung und Zahl annehmen, besteht. Diese sind ja, beim Licht betrachtet, in Ms. 1595 ebenso erhalten, und können sehr wohl in jene beiden Handschriften unversehrt und rein zufällig aus dem Original übergegangen sein.

In diesen Punkt kann indessen natürlich erst nach genauer Kenntnissnahme der Handschriften wirkliches Licht gebracht werden; denn fest steht das Gesagte nur zum Teil, da das, was früher über Fabel V ausgeführt wurde, widerstrebt.

Aus den Varianten, welche uns Robert angibt, können wir noch eine Schlussfolgerung ziehen: Wir finden nämlich, dass gerade eine jener Handschriften, welche scheinbar dem Original am nächsten stehen, Ms. 24310, ziemlich häufig mehr Verse enthält, als Ms. 1594, und dass sich diese Verse regelmässig als Interpolationen darstellen. Ich spreche von den Varianten, welche Robert an folgenden Stellen angibt: 1) Fabel XVIII, (R. I 131), Var. c; 2) Fabel XXVIII, (R. I 140) Var. a; 3) Fabel XLI, (R. I 319), Var. a; 4) Fabel XLVI, (R. II 38), Var. a, wo jedesmal der Text in Ms. 356 (24310) eine Zuthat von zwei Versen aufweist, die alle ohne Ausnahme eingeschoben sind. Es ist stark zu bezweifeln, dass Robert alle derartigen Fälle verzeichnet habe, da ja seine Variantenangabe auf Vollständigkeit sicher keinen Anspruch machen kann. Wie dem indessen auch sein mag, die Fälle beweisen uns, dass die eine der dem Original scheinbar am nächsten stehenden Handschriften sich in manchen wichtigen Punkten mehr von demselben entfernt, als Hs. 1594, von der man doch *a priori* anzunehmen geneigt sein möchte, sie habe ihren sonstigen starken Abweichungen entsprechend auch einen unsicheren Text. Die letztere behält also dem Ms. 24310 gegenüber in nicht seltenen Fällen Recht, und scheint, soweit es das geringe Material, das uns bis jetzt zur Verfügung steht, überblicken lässt, auch gegen die beiden anderen Hss. zuweilen das Bessere zu bieten, wenn auch im Ganzen Ms. 1595 — von Ms. 19123 wissen wir fast nichts — öfter das Richtige zu haben scheint.

Die Vergleichung mit dem lat. Text, wie er bei Foerster vorliegt, und besonders mit den bis jetzt bekannten Varianten, scheint zu der Behauptung zu berechtigen, dass Ms. 1594 keine Zuthaten aufweist, welche den Text der Fabeln selbst angehen. Denn wir haben unter den Varianten nur einen einzigen Fall, wo eine andere Handschrift weniger Verse aufweist, als Ms. 1594. Das ist der Fall bei Fabel LVIII (R II 483) Var. e, wo aber eine Vergleichung zeigt, dass die zweite

Hs. 7616. 3 (1595) im Unrecht ist, weil ihr der Reim zu *souvenir* fehlt und weil sie den Ausdruck *De ce que le juifs li dist* so rasch nach einander zweimal bringt: eine augenfällige Verderbnis, die wohl auch aus der dieser Handschrift eigenen Flüchtigkeit zu erklären ist.

Das Ms. 1594 hat im Verhältnis zu den anderen Handschriften eine grosse Menge Zuthaten, die aber alle rein äusserlicher Natur sind. Von den zugegebenen Fabeln wurde schon gesprochen. Der Verfasser der Grundlage von Ms. 1594 hat überhaupt im Ganzen das Bestreben gehabt, seine Vorlage genau zu kopieren, scheint aber Gefallen daran gefunden zu haben, da und dort etwas anzuflicken, und zwar sowohl im Lateinischen als im Französischen. Dass er, in Bezug auf die neuen Fabeln, wohl von anderen Manuscripten abhängig ist, habe ich schon gesagt; aber auch in Betreff der am Ende jeder Fabel zugegebenen Verse dürfte er, wenn auch oft, doch nicht immer selbständig sein. Wenigstens ist es mir in einem Falle gelungen, nachzuweisen, dass er einen fremden Autor benützt, was wohl zur Annahme berechtigen dürfte, dass er noch öfter bekannten Schriftstellern folgt. — Der Fall, den ich meine, ist in Fabel X (De rustico et colubro) (R. II 33) zu finden. Es sind nämlich an dieser Stelle 6 Verse zugegeben, welche so lauten: Une souris qui est en escharpe Le bien dedens menjue et charpe. Le feu quant il est au giron Art et destruit tout environ. Le serpent qu'est en sain cachiez Fait au seigneur mout de meschiez. — Ohne behaupten zu wollen, dass dies die Quelle dieser Verse sei, da ja auch beide eine gemeinsame Vorlage benutzt haben können, will ich doch darauf hinweisen, dass bei Odo de Ceritonia (Hervieux II 636) die Schlange selbst sagt: „Nonne iterum nosti quod Serpens in sinu, Mus in pera, ignis in gremio, mercedem pessime hospitibus reddunt". Dem Interpolator auf seinen Pfaden länger nachzugehen, fehlte es mir an Zeit und an Kenntnis der mittelalterlichen Litteratur.

Die Zuthaten des neuen Ueberarbeiters sind in der That so äusserlich angefügt und so schlecht mit dem schon bestehenden Text verbunden, dass es nicht schwer ist, sie davon zu scheiden (wenigstens für Y I; für den Avionnet ist das schwieriger, weil uns bis jetzt jede genauere Kenntnis des lateinischen Textes abgeht). Sie sind selten einer eingehenderen Betrachtung wert, denn häufig knüpfen sie beinahe sinnlos an irgend ein Wort des Textes an, ohne aber mit demselben in logischem Zusammenhang zu stehen: Der auffälligste Fall dieser Art ist wohl in der Fabel De Vipera et Lima zu finden, wo die Geschichte von der gestohlenen Feile eben nur diesen Gegenstand mit der eigentlichen Fabel gemein hat. — Es ist leicht festzustellen, was Eigentum des Ueberarbeiters ist, und was nicht. Die Zuthaten erstrecken sich einzig und allein auf die Moral. Vergleiche dazu die folgende Tabelle, bei der ich, da die fremden Fabeln nicht in Betracht kommen, wieder die Einteilung des An. Nev. zu Grunde gelegt habe.

Prolog	8	Fabel XXXI	—
Fabel I	8	XXXII	10
II	4	XXXIII	8
III	8	XXXIV**)	deest
IV	10	XXXV	8
V	8	XXXVI	6
VI	8	XXXVII	18
VII*)	(6) 8	XXXVIII	8
VIII	4?	XXXIX	8
IX	6	XL	26
X	6	XLI	10
XI	8	XLII	8
XII	8	XLIII	56
XIII	8	XLIV	8
XIV	8	XLV	4
XV	8	XLVI	4
XVI	16	XLVII	24
XVII	12	XLVIII	deest
XVIII	8	XLIX	„
XIX	8	L	„
XX	8	LI	64
XXI b**)	8	LII	8
XXII	8	LIII	8
XXIII	8	LIV	24
XXIV	8	LV	56
XXV	12	LVI	12
XXVI	2?	LVII*)	(4) 10
XXVII	12	LVIII***)	18
XXVIII	14	LIX	4
XXIX	8	LX	deest
XXX	8	Epilog 84—18 =	66
		Summa:	734

in Ms. 1594 (bei XLVIII—L)

Die Fälle, in denen mir die Anzahl der zugegebenen Verse bis jetzt noch nicht sicher schien, wurden mit ? bezeichnet.

*) Es scheinen auch im Anfang der Moral einige Verse zugegeben, die ich in Klammern angegeben habe, ohne indes behaupten zu wollen,

dass diese nicht auch schon dem Original der Uebersetzung angehört haben könnten.

**) XXI* gehört dem Original der Uebersetzung nicht an. — Ebenso XXXIV.

***) Bei Fabel LVIII (R. I 297) setze ich 18 Verse als Zuthat an: da augenscheinlich der Bruch innerhalb der bei Robert ausgelassenen, weil unleserlichen, sieben Verse stattfindet, die von der andern Hss. gebotenen vier Verse aber genau dem latein. Texte entsprechen, so müssen wohl die letzten drei Verse der Lücke schon zu der Erweiterung gehören[1]).

Auch von den neu hinzugekommenen Fabeln sind einige im Verhältnis zum latein. Text stark erweitert, wie ja überhaupt der Ueberarbeiter weit weniger genau seiner Vorlage folgt, als der eigentliche Uebersetzer. Diese Zuthaten gehören nicht hieher.

Wenn der Avionnet thatsächlich, wie ich früher zu beweisen gesucht habe, von Anfang an unserer Sammlung angehörte, so hat er jedenfalls das Schicksal des vorausgehenden Y I geteilt, d. h. er musste sich Zuthaten gefallen lassen, wie wir sie soeben kennen gelernt haben. Oder umgekehrt: Wenn der Avionnet solche Zuthaten aufweist, wie Y I, so ist damit, in Verbindung mit dem schon früher Vorgebrachten, bis zur Evidenz bewiesen, dass Hervieux' schon besprochene Ansicht, welche den ganzen Avianus als Zuthat auffasst, irrig ist. — Obwohl beim Avionnet solche Angaben schwerer zu machen sind, da der

---

1) Da das Ms. 1594, wie es bei Robert vorliegt, 3337 Verse enthält, so können wir uns schon ein Bild von der ursprünglichen Länge von Y I machen, indem wir die Zuthaten abziehen. Doch ist zu beachten, dass die ausgelassenen vier Fabeln hinzuzuzählen sind. Es sind, wie oben berechnet, abzuziehen:

		734	Verse;
ferner für Fabel XLVII :	34		„
„ LVI :	46		„
„ LVII :	34		„
„ LIX :	52		„
„ LX :	42		„
„ LXI :	162		„
„ LXII :	40		„
„ LXIII :	28		„
„ LXIV :	68		„
also im Ganzen :		1240	Verse.

Mithin enthält das Original von Y I, abgesehen vom Avionnet und den in Ms. 1594 ausgelassenen vier Fabeln, 3337 — 1240 = 2097 Verse, und mit diesen letzteren 2097 + 368 = 2465 Verse. (LY = 3590 Verse!)

lat. Text uns nicht bekannt ist, so können wir doch mit vollkommener
Sicherheit die Existenz solcher Zuthaten dartbun, wie die folgende Liste
zeigen wird. Dabei ist auch nicht zu vergessen, dass, ebenso wie Y I,
auch Y-A eine ganz fremde Fabel aufweist, die nur im Ms. 1594 vorhanden ist, nämlich die Fabel XIX. — Soweit ich es bis jetzt feststellen kann, ist das Verhältnis der Zuthaten in Y-A das folgende:
(Die arabischen Ziffern bedeuten die Anzahl der zugegebenen Verse,
soweit diese bis jetzt festgestellt werden konnte; die römischen die
Fabeln in der Anordnung von Y-A.)

Prolog	20 (16)	X	—
I	12	XI	2
II	8	XII*)	8??
III	4	XIII	—
IV	6	XIV	10
V*)	6??	XV	6
VI	—	XVI	2
VII	10	XVII	20
VIII	4	XVIII	38
IX*)	6??	Epilog	80

*) Diese Fabeln scheinen bei Y-A eine ganz andere Moral zu bieten,
als die mir bekannte, so dass ich ihretwegen keine bestimmten Angaben wagen kann. — Eine Summierung wird dadurch wertlos.

Trotz den ihr anhaftenden Unsicherheiten beweist uns die Liste
das Dasein der besprochenen Zuthaten, und damit endgiltig die Zu-
gehörigkeit des Avionnet zur Sammlung.

Zweitens müssen wir aus der Thatsache, dass auch der Avionnet
überarbeitet ist, eine Konsequenz ziehen, die Hervieux zwar auch schon
gezogen zu haben scheint, — seine Annahme bedingte sie ja auch —
die er aber nicht bestimmt genug ausspricht: Aus der Thatsache nämlich, dass der Epilog des Y-A ursprünglich nur aus sechs Versen bestand (s. Hervieux I S. 491 f.), ergibt sich zwingend, dass die in demselben enthaltenen Zeitbestimmungen, die Robert I S. CLXVI und II
S. 523 genauer ausführt, für die Abfassungszeit der Uebersetzung nur
in so fern einen Anhalt bieten können, als sie einen terminus ad quem
abgeben, und dass sie nur für die Zeit des Ueberarbeiters Geltung haben.
Ist nun die Ueberarbeitung wirklich, wie Robert will, um's Jahr 1332
verfasst, so muss wohl die Entstehungszeit der Uebersetzung selbst, in
Anbetracht der ziemlich bedeutenden Anzahl von Zwischengliedern, die
anzunehmen notwendig erscheint, auf das Jahr 1300 ungefähr zurück-
datiert werden.

In wie weit sich Herr Hervieux über die eben besprochenen Verhältnisse klar geworden ist, ist schwer zu sagen, da er besonders das Wort *copiste* nach Bedürfnis ganz verschieden anwendet, so dass man nicht recht weiss, ob er darunter den letzten Abschreiber von Ms. 1594 versteht, oder den Ueberarbeiter, den Verfasser der Grundlage dieses und der mit ihm gleichen Manuscripte. Man vergleiche: (I S. 476) En tête de la première page le c o p i s t e s'est représenté, etc. und S. 483: Je le reproduis ici (den Epilog), parce qu' il fournit des renseignements utiles sur le c o p i s t e et sur le temps où il vivait, wo die Sache nur verständlich wäre, wenn der Schreiber der drei Handschriften auch zu gleicher Zeit der Ueberarbeiter wäre. Dies ist aber H. Hervieux' Ansicht keineswegs; denn er sagt auf S. 486 bei Besprechung von Robert's Zeitbestimmung: Il est certain que, s'il avait regardé de plus près le manuscrit, il ne l'aurait pas risquée. Il aurait vu que, si le c o p i s t e était un calligraphe distingué, il était en même temps d'une ignorance qui ne permet pas de supposer un instant qu'il ait été l'a u t e u r d e l a t r a d u c t i o n f r a n ç a i s e[1]). — Auf S. 489 sagt er endlich: Ce qui est dans tous les cas certain, c'est que ce n'est pas le c o p i s t e du Ms. 1594 qui a augmenté les morales des fables latines et qui a ensuite traduit les additions en français. Je m'empresse d'ajouter qu'il ne faut pas davantage lui attribuer le développement considérable donné à l'epilogue. Das zuletzt Gesagte ist vollständig richtig und nicht zu bezweifeln. Nur hätte sich Herr Hervieux irgendwo die Mühe nehmen sollen, das Verhältnis der Zeitbestimmung Robert's zur eigentlichen Ueberachtung klar zu stellen: dass der Schreiber von Ms. 1594 zugleich auch der Ueberarbeiter gewesen sei, hatte ja in Anbetracht der zwei identischen Hss. in Brüssel und London von vornherein wenig Wahrscheinlichkeit für sich.

Ueber das weitere, zeitliche und textliche Verhältnis der verschiedenen Handschriften muss ich mich jetzt noch jeder Mutmassung enthalten. Erst durch ein genaues Studium derselben wird man im Stande sein, diese Fragen zu beantworten. Bis jetzt können wir nur das Folgende wagen: Keine der vorhandenen Handschriften bietet einen mit dem des Originals vollständig identischen Text. Für die Mss. 1594 und 24310 ist dies selbredend; bei Ms. 1595 beweist es die aus Fabel XLV besprochene Variante; nur für das Ms. 19123, für das wir

---

1) Nebenbei sei bemerkt, dass Hervieux I S. 485 mit Unrecht sagt, Robert habe „fait sur le c o p i s t e et sur l'ouvrage les conjectures suivantes". Robert spricht nicht vom Abschreiber, sondern im besten Glauben vom Verfasser selbst: „le peu que nous pouvons apprendre sur cet a u t e u r et sur le temps où il vivait". (R. I S. CLXVI.)

nur drei Varianten haben, (Robert II 505 und Hervieux I 490 f.) ist
dies schwerer nachweisbar, wenn auch höchst wahrscheinlich.
   Dass das Ms. 1594 aus keiner der andern Handschriften abzuleiten
ist, ist klar, wenn man bedenkt, dass diese die lat. Vorlage nicht enthalten. Doch scheint auch keine Version, die mit einer dieser Handschriften textlich identisch war, diese Grundlage abgegeben zu haben.
   Für das Ms. 19123 ist dies wieder am schwersten zu erweisen;
doch gestattet die Thatsache, dass in den aus dem Epilog zitierten
Versen das Ms. 1594 sich zu Ms. 1595 stellt, und besonders, dass Ms. 1594
mit Ms. 24310 das *Le leu* statt *cilz* der anderen Variante gemeinsam
hat, diesen Schluss. — Für Ms. 24310 (= 356) ist die Sache schon
abgethan, da dieses ja ziemlich oft mehr Verse (die sich als Zuthaten
erweisen) hat, als Ms. 1594. — Es bleibt uns demnach nur noch
Ms. 1595 (= 7613. 3) übrig. Doch können wir — ganz abgesehen
davon, dass es mehrere Fabeln nicht hat, — unbedingt das Gleiche behaupten. Denn es ist an der Stelle, wo die früher schon besprochene
Auslassung vorkommt, evident fehlerhaft (s. Rob. II 483). — Dabei
muss allerdings zugegeben werden, dass textlich mit den vorliegenden
völlig gleiche Handschriften nur in der Theorie angesetzt werden können,
da ja jede Kopie sich mehr oder minder stark von ihrer Vorlage entfernt, und deshalb will ich das oben Gesagte lieber so ausdrücken:
Keine der uns erhaltenen Handschriften könnte, auch wenn wir sie mit
der latein. Vorlage verbunden dächten, die Vorlage unseres Ms. 1594
gewesen sei.

   Bis jetzt steht also fest:

1) Die Anordnung von Y I muss dieselbe gewesen sein, wie sie die
   beiden Hss. 19123 und 24310 aufweisen; nur scheint Ms. 1594 in
   Bezug auf die Fabel An. Nev. V Recht zu haben.

2) Der Avionnet gehört von Anfang an zur Sammlung.

3) Diese war schon im Original mit der lateinischen Vorlage eng
   verbunden.

4) Keine der vorhandenen Handschriften kann also das Original
   sein.

5) Die lateinische Vorlage, die das Ms. 1594 und die ihm gleichen
   Handschriften darbieten, ist zum grössten Teil (wohl nur mit Aus-
   nahme der fremden Fabeln) aus der das Original begleitenden
   Vorlage genommen. — Der Verfasser der Vorlage des Ms. 1594
   bedient sich für etwa zwei Drittel der Sammlung keines andern
   Exemplars des An. Neveleti.

Ferner ist anzunehmen:

6) Die Handschriften 19123 und 24310 gehören gar nicht so eng zusammen, wie Robert und Hervieux annehmen.

7) Das Ms. 1594 weist keine den Text der Fabeln selbst betreffenden Zuthaten auf; ist also textlich vertrauenerweckender, als Ms. 24310.

8) Die Zuthaten in Ms. 1594 betragen etwa ein Drittel des Ganzen.

9) Die Robert'sche Zeitbestimmung hat blos ihre Richtigkeit für die Ueberarbeitung, welche das Ms. 1594 aufweist; die Sammlung selbst muss früher verfasst sein (etwa um 1300).

10) Keine der uns erhaltenen Handschriften könnte, auch wenn sie mit der lat. Vorlage verbunden gedacht würde, die Quelle unseres Ms. 1594 sein.

Wenn ich jetzt zum Studium der französischen Fassung von Y I selbst übergehe, muss ich natürlich voraussetzen, dass der Text von Y I mit dem von Ms. 1594, abgesehen natürlich von den schon mehrfach besprochenen Zuthaten, gleich gewesen sei (dasselbe gilt natürlich auch, bei der Durchnahme der in Ms. 1594 ausgelassenen Fabeln, von Ms. 1595, aus dem Robert dieselben abgedruckt hat), was ich um so leichter darf, als ich selten oder nie auf nebensächliche Einzelheiten einzugehen haben werde.

Das Ms. 1594 bietet vier Fabeln nicht, die im Original von Y I vorhanden waren, und bei Robert, wie schon gesagt, aus Ms. 1595 nachgetragen sind. Was den Ueberarbeiter von Ms. 1594 zu dieser Auslassung veranlasst haben mag, ist mir ein Räthsel, da eine Unvorsichtigkeit bei dem, der das Fehlen der Fabel XXIᵃ und XXXIV bemerkte, ausgeschlossen erscheint. Für irgend welchen Zusammenhang mit LY spricht nichts; dagegen wäre wohl möglich, was Foerster, S. 153, für LY vermutet, dass der Ueberarbeiter aus Prüderie die Fabeln getilgt habe, wobei vielleicht die Fabel De patre et filio aus Uebereifer das Schicksal der andern teilte. — Endlich sei noch eine Eigenheit erwähnt, die Y I von LY und dem An. Nev. unterscheidet, die aber den Charakter der Fabeln selbst meist völlig unberührt lässt; ich meine die häufige Benützung von Namen aus der Tiersage, bei dem verhältnismässig jungen Texte leicht erklärlich. Ich citiere einige Beispiele:

Fabel VIII. *Madame Hauteve la grue.*

" XV. *Thiercelin*; ebenso Fabel XXXV *Tiercelins.*

" XV. *Dame Hersan.*

Fabel XVII und Fabel LVII. *Messires Bernart l'archeprestre.*

„ XXXI. *Brichemers le cerfs; Blance la brebis.*

„ XLVI. *Ysangrin le connestable.*

„ LIV. *Ysangrins; Rouveaux.*

Ferner die Bezeichnung des Fuchses durch *renart, renard* (passim), meist ohne Artikel, also noch als Eigenname. Doch ist das Wort schon soweit zum Gattungsnamen geworden, dass ein Deminutiv zur Bezeichnung des jungen Fuchses davon gebildet wird: *renardiaus* in der Fabel De vulpe et aquila (XIII). Da diese Namen, wie gesagt, ohne Einfluss auf die Textgestaltung sind, werde ich sie bei Besprechung der betreffenden Fabeln nicht mehr erwähnen. — Nach dem, was eben über diesen Gebrauch von Namen aus der Tiersage gesagt wurde, ist es kaum wahrscheinlich, dass in der Fabel De Graculo et Pavone Y I sich wirklich an Renart le Contrefait anschliesst. Der Name *Thiercelin* kommt ja auch in Fabel XV vor. (Zu Max Fuchs, Die Fabel von der Krähe etc., S. 17.) Vergl. auch die bei Besprechung der Fabel gemachte Bemerkung. — Auch die oft erwähnten Zuthaten von Ms. 1594 bleiben in der nachfolgenden Besprechung ohne jede Berücksichtigung.

Was die Anordnung betrifft, so habe ich es aus rein praktischen Gründen am besten gefunden, mich genau an die Reihenfolge des An. Nev. zu halten, und die verschiedenen Fälle später zu klassifizieren. (Die Ueberschriften sind die Foerster's.)

Der Prolog ist im Ganzen genau übersetzt und bietet wenig Anlass zu Bemerkungen. Die lat. Verse 7 und 8 sind vorgestellt worden. Ihnen entsprechen im Französischen die Verse: A ce qu'oiseuse ne peresse Mon sen n'endorme ne ne blesse ... Diese sind mit dem Darauffolgenden recht geschickt verbunden, und die abrupte Art des Originals ist hier entschieden verbessert.

I. De Gallo et Jaspide.

Y I entfernt sich mit LY zusammen vom lat. Text: der Vers des ersteren *Con cil qui point ne la prise* entspricht genau dem V 34 von LY *Et dit con cil cui point n'agree.* Gar kein fremder Text bietet etwas Aehnliches; auch das *cum doleret* des Cod. Weiss. V 7 und das *moerens suspiravit* der Fab. rhythm. I 1 können nicht als Ursache angesehen werden.

II. De Lupo et Agno.

Hier haben wir einen Fall, wo die Aenderung, die Y I aufweist, entschieden eine Verbesserung bedeutet, obwohl sie eigentlich nur eine Auslassung ist: Bei Phädrus I 1 läuft die Fabel in die Spitze aus, dass der Wolf dem Schaf vorwirft, es habe ihn vor sechs Monaten geschmäht, und auf den Einwurf, es habe damals noch gar nicht gelebt, mit Verbrecherlogik und Schlagfertigkeit antwortet: Dann sei es sein Vater gewesen[1]). — Der An. Nil. zeigt die gleiche Eigentümlichkeit. — Der Cod. Weiss., sowie der eigentliche Romulus, verschieben dagegen die Zeitbestimmung, sowie die Reihenfolge der Reden, und verderben das Ganze. (Rom. I 2: Ergo pater tuus fuit ante sex menses et ita fecit mihi. Numquid ego natus fui?) Denn wenn der Wolf sagt, der Vater des Lammes habe ihn vor sechs Monaten geschmäht, so hat die Antwort des letzteren, es habe damals noch gar nicht gelebt, gar keinen Sinn mehr. Die übrigen Prosabearbeitungen, so besonders der Romulus Nilanti, zeigen das Gleiche. Dem entsprechend bietet nun der An. Nev. V. 11—14: „Fecit idem tuus ante pater sex mensibus actis. Cum bene patrisses, crimine patris obi. Agnus ad hec: Tanto non uixi tempore. Predo Sic tonat: An loqueris, furcifer? huncque uorat." Diesen 13. und 14. Vers hat der Uebersetzer von Y I unterdrückt und dadurch die Fabel von dem lästigen Rest der unverstandenen alten Fassung befreit und somit verbessert. Die Aenderung, resp. Auslassung braucht nicht als eine absichtliche aufgefasst zu werden, obwohl dies bei dem Verfasser von Y I keineswegs ausgeschlossen erscheint. Vielleicht wusste er nicht, was mit den lästigen Versen anzufangen sei, und liess sie deshalb aus. — LY hält sich an die Ueberlieferung und sucht die Sache dadurch in Ordnung zu bringen, dass er einschiebt: (V. 97 u. 99) Quar a moi n'auoit non de pere . . . Cilz qui uos fist si grant iniure. Es gelingt ihm jedoch, wie man sieht, nicht.

Auch Marie de France bietet die besprochene Sinnlosigkeit.

Odo de Ceritonia lässt jede Erwähnung des Vaters weg, indem dem Lamm vorgeworfen wird, eine Schmährede ausgestossen zu haben zu einer Zeit, wo es noch gar nicht geboren war. Hier ist also thatsächlich nur das Ende der Fabel, wie sie bei Phädrus vorliegt, weg-

---

1) Phädrus selbst hat hier, mit der griechischen Fabel verglichen, eine äusserst glückliche Aenderung vorgenommen; s. Halm a. a. O. 274ᵇ (274ᵃ kommt weniger in Betracht). Dort heisst es nämlich nur, nachdem der Wolf mit seiner ersten Beschuldigung zurückgewiesen ist: „ἀλλὰ πέρυσι τὸν πατέρα μου ἐλοιδόρησας". Darauf die bekannte Antwort: (. . . . μηδέπω τότε γεννηθῆναι), worauf der Wolf erwidert „deshalb werde ich dich doch fressen". Ist Phädrus vielleicht durch das „πατέρα μου" zu der Aenderung veranlasst worden? oder zeigt er eine ursprünglichere Version? — Bei Babrius 89 ist von dem Vater des Wolfs überhaupt keine Rede, sondern es heisst einfach: „σὺ δ'ἐμὲ τί πέρυσι μικρός ὢν ἐβλασφήμεις"; und als das Lamm antwortet, es sei noch gar nicht so alt, geht der Wolf zu der andern Beschuldigung über, das Lamm fresse auf seinem Felde; die Schlussantwort ist die gleiche.

gelassen, während das Vorhandene derselben vollständig entspricht. — Die französische Uebersetzung des Novus Aesopus, Y II, stimmt genau zu ihrer Vorlage, und teilt mit ihr sogar die, allerdings sehr unwesentliche, Eigenheit, dass von neun, statt sechs Monaten die Rede ist.

III. De Rana et Mure.

Nichts zu bemerken, als dass die Abteilung bei Robert nicht die richtige ist, gleichviel ob der Fehler von ihm herrührt, oder schon in der Hs. zu finden ist: Die Moral geht schon vier Verse früher an, als er angibt. — Siehe übrigens auch Neckam VI.

IV. De Cane et Oue.

8. LY IV und Neckam XV. — In Y I kommt unter den drei Zeugen der Fuchs vor.

V. De Cane carnem ferente.

Diese Ueberschrift gilt eigentlich für eine ganze Anzahl von Fabelbearbeitungen nicht, da in vielen nicht *carnem*, sondern *caseum* gesetzt werden müsste. Durch letzteres unterscheidet sich Marie de France und die von ihr abhängige Sammlung LBG von den übrigen (vgl. dazu Mall, a. a. O. S. 174). — Phädrus und die auf ihn folgenden Lateiner[1]), auch der Rom. Nil, haben *carnem*. (So Phädrus I 4: Canis, per flumen carnem dum ferret natans). — Marie hat ausserdem die Eigenheit, dass sie den Hund als über eine Brücke gehend darstellt: Passeit un Chiens desus un punt; Un formage en sa geule tint (Roquef. V), eine Abweichung, die die italienische Uebersetzung des Riccardiano mit ihr teilt: *Andava sopra un ponte*. Einige Lateiner, so der Rom. Nil., geben nicht genau an, ob der Hund schwimmend den Fluss passierte oder nicht. Rom. Nil. V: *flumen transiens*. Ein Zwischending zeigt auch die Prosabearbeitung des An. Nev. V (H. II 428), wo es heisst: Cum iret Canis super ripam aquae, vidit umbram ossis[2]). — Sonst scheint, soweit ich es überblicken kann, keine Bearbeitung mehr etwas Besonderes zu bieten.

Neckam kürzt, wie der An. Nev., aber ohne Zusammenhang mit diesem, die Fabel stark, lässt sie aber sonst unverändert. Seine Uebersetzung, Y II, folgt ihm und berührt sich einmal mit Phädrus, indem sie schreibt: . . . Son ombre resambloit Un chien de sa façon . . .; wie Phädrus I 4: Aliamque praedam ab altero ferri putans, Eripere

---

1) Wie es scheint, mit der einzigen Ausnahme der Sammlung LBG.

2) Babrius 79 hat κρέας und παρῄει; die Fabel Aesop. (bei Halm) 233 bieten κρέας und διέβαινε.

voluit . . . . . Es wird gewissermassen die Habgier zum Versuch des Raubes; doch ist dies auch sonst vorauszusetzen und unwichtig.

Y I ist nun die einzige Bearbeitung (abgesehen vom Riccardiano), welche in dieser Beziehung nicht entschieden auf die eine oder andere Seite tritt. Sie bietet nämlich *char* und *fromage*, in den Versen:

> Un chien passoit un yave a nou,
> En sa gueule un fro m a g e mou:
> Autres dient que ce yere c h a r s.

Doch entscheidet sich der Verfasser für *fromage*, denn im Vers 7 sagt er: (Convoitise) Li dit que c'est autre fro m a g e. (Auch das dazu gehörige Bild zeigt eher einen runden Käse, als ein Stück Fleisch). — Y I ist hier augenscheinlich von Marie oder LBG beeinflusst, und zwar kann bei unserer verhältnismässig jungen Handschrift ebensowohl LBG als Marie selbst eingewirkt haben, was ich bei LY für ausgeschlossen halte. Vielleicht bringt der Verlauf unserer Untersuchung noch Aufklärung darüber.

VI. De Oue et Capra et Juuenca et Leone.

bietet nichts Besonderes. — S. Neckam IX.

VII. De Fure uxorem ducente.

Während bei Babrius 24 nur das Hochzeitsfest des Helios begangen wird, wobei auch die Frösche sich beteiligen (Γάμοι μὲν ἦσαν Ἡλίου θέρους ὥρῃ, τὰ ζῷα δ'ἱλαροὺς ἦγε τῷ θεῷ κώμους. καὶ βάτραχαι δὲ λιμναίους χοροὺς ἦγον.), wo aber von einem Diebe gar keine Rede ist [1]), erhält die Fabel das Gepräge, das sie im Mittelalter grösstenteils zeigt, durch Phädrus, der I 6 den Dieb einführt, und die Froschfabel in der Weise mit der Hochzeitsfeier des Diebes verbindet, dass er sie dem Aesopus in den Mund legt, um die frohlockenden Nachbarn von ihrer Thorheit zu überzeugen: (V. 1 — 2) Vicini furis celebres vidit nuptias Aesopus et continuo narrare incipit . . . . — Es ist auffallend, dass Marie (Roquef. 6), wie die griechische Fabel, die Vorfabel unterdrückt, worin ihr LBG folgen, während doch die übrigen Lateiner, so auch Rom. Nil. I 8 dieselbe aufweisen.

Der einzige Zug, durch den, wie es scheint, die gesammte mittelalterliche Tradition (auch Marie) sich von Phädrus unterscheidet, ist die Ersetzung der Frösche durch andere Wesen, eine Aenderung, durch die die Fabel grossen Schaden erlitten hat. Denn während es völlig

---

1) Aehnlich auch in den Fab Aesop. von Halm, Nr. 77, wo indessen n u r die Frösche das Fest feiern.

vernünftig ist, wie Phädrus thut (. . . . Quaedam dum stagni incola:
Nunc, inquit, omnes unus exurit lacus Cogitque miseras arida sede emori.
Quidnam futurum est, si crearit liberos?), die Frösche sich vor der
Sonnenhitze fürchten zu lassen, sieht man nicht mehr ein, warum denn
die Menschen, oder gar alle Creaturen im Allgemeinen eine so mass-
lose Furcht empfinden sollten, während ihnen doch grösstenteils die
Sonne mehr lebenspendend und wärmend, als verderblich scheinen
muss. Doch zeigt schon der An. Nil. 10 natio, und dies zeigt sich auch
bei den übrigen Lateinern: Cod. Weiss., Rom., Neckam (*populus*), Rom.
Mon., den Codd. von Wien und Berlin, etc., d. h. bei allen, welche
direkt auf Rom. beruhen. Nur der Rom. Nil. I 8 bietet *omnis visibilis
creaturas* und die von ihm abhängige Marie hat *criatures* (während die
doch ebenfalls von Rom. Nil. abhängigen Fab. rhythm. *machina coelestis*
haben (I 8)). — Der An. Nev. hat, mit gleichem Sinne, wie dort *natio*
gebraucht wird, *terra*: . . . Jouis aurem terra querelis Perculit. . . Die
beiden franz. Versionen, die wir zu besprechen haben, schliessen sich
genau an ihre resp. Vorlagen an: Y I *la terre*; Y II *la gent*. Sie haben
hier überhaupt nur eine Eigentümlichkeit, diese aber gemeinsam: Der
Erzähler macht selbst die Anwendung auf den Dieb, was im Original
nicht der Fall ist:

Y I (R. II 28) Ainsi dit le preudomme sage: Ne devés de ce mariage Faire tel joie ne telle faiste . . . etc.

Y II (R. II 30) Il n'a cy qu'un larron Et tant le redouton Que ne
savons que faire . . . . etc.

Wird man deswegen auf irgend einen Zusammenhang zwischen
diesen beiden Uebersetzungen schliessen müssen?

LY ist schon besprochen. Er verhält sich, abgesehen von der
schon erwähnten Abweichung, nur stark erweiternd.

VIII. De Lupo et Grue.

S. Neckam I. — Y I erweitert nur etwas, ohne sich irgend welche
wichtigere Aenderungen zu Schulden kommen zu lassen.

IX. De duabus Canibus.

Während es bei Phädrus I 19 heisst: „Si mihi et turbae meae
Par, inquit, esse potueris, cedam loco“, ein Kampf also nicht stattfindet
(zu dieser Fassung stimmen Cod. Weiss., Rom., Neckam, Marie, (LBG),
Rom. Nil., Fab. rhythm., endlich auch die Sammlungen von Wien und
Berlin), lässt es der An. Nev. zweifelhaft, ob nicht doch wirklich ein
Kampf stattfindet, und gibt durch seine sonderbare Ausdrucksweise Ur-
sache zu einer andern Auffassung in LY. — Es heisst nämlich An.

Nev. IX 7—10: Plus prece posse minas putat. hec plus bella duobus. Nescit posse minas plus prece, bella minis. Cum dolor hanc armet, plus matrem filius armat; Cedit sola gregi . . . . Der Vers 9 lässt es jedenfalls unentschieden, ob es zum Kampf kommt, oder nicht, und LY fasst die Stelle nun so auf, als wenn ein Kampf wirklich stattfände: (V. 544—546)

> Tant fort cort sus a ceste chine
> Qu'ele li fait uuidier la place,
> Tout fuer de son porpris la chace.

Interessant ist dabei noch, wie das „matrem filius armat", das doch jedenfalls als eine direkte Unterstützung der Mutter durch ihre Jungen aufgefasst werden muss, hier übersetzt, oder ersetzt wird: (V. 543) „Quar l'autre qu'est por ses cheas grigne," also die Besorgnis wegen ihrer Jungen treibt sie an (s. auch die Anmerkung Foerster's zu diesem Vers). — Bei Y I kommt es, der Vorlage entsprechend, zu keinem Kampf; genau wie dort weicht die Besitzerin, weil sie allein ist (Et qu'elle est seule), es wird also das filius armat richtig verstanden[1]). — Wie die Dinge liegen, bildet Y II, die Uebersetzung von Neckam's Nov. Aesopus, hier geradezu einen Gegensatz zu LY, indem beide ganz entgegengesetzte Auffassungen vertreten. Es sei mir, um Wiederholungen zu vermeiden, gestattet, dies schon hier zu besprechen: Während bei LY sich ein Kampf entspinnt, ändert der Uebersetzer die Fabel Nov. Aesop. XXVIII, die doch keine Besonderheiten bietet, und in allen Stücken der Vorlage (Rom.) entspricht, in eigentümlicher Weise, gänzlich unabhängig von jeder andern Fabelbearbeitung. Er stellt nämlich die Sache so dar, dass die eine Hündin der fremden ihr Lager nicht zum zweitenmal überlässt, und dass diese abziehen muss, mit der bedauernden Bemerkung, dass ihre Jungen noch nicht gross genug seien, um ihr zu helfen: (R. I 118) „Certes, se fussent grans, Dit l'autre, mes enfans, Por toy ne m'en partisse; Mais or, m'en partirai, Et si te mercirai Encor ceste franchise." Jedenfalls eine ziemlich interessante Abweichung, nach der aber die Moral, so wie sie ist, keinen rechten Sinn mehr hat. „Gardez vous de prester Et du vostre livrer A gent de male foy: Car jà gré n'en sauront, Et rendre ne l'voudront Pieça qu'esprouvé soy."

X. De Rustico et Colubro.

In der von Halm als Nr. 97 mitgeteilten griechischen Fabel und bei Phädrus wird die Schlange nur erstarrt gefunden und in den „sinus"

---

1) Ebenso in der it. Uebersetzung des Ricc.: Allora quella dentro con li suoi cagniuoll cominciò a rispondere con minacciare, e non rendè la casa, anzi convenne che colei se n'andasse scornata.

gesteckt (Halm, Fab. Aes. 97 ὑπὸ κόλπον ἔϑετο und 97ᵇ εἰς τὸν ἑαυτοῦ κόλπον), wo sie erwacht und sticht. — Im An. Nil. XI ist dagegen schon geändert in der Weise, dass die Schlange den ganzen Winter hindurch gepflegt wird und das Haus mit ihrem Gift besudelt (... tota hieme fovit ... veneno multa foedare ....) dann wird sie fortgejagt (Injuriosus pellitur). Von der alten Fabel ist also wenig mehr übrig geblieben. — Die Umbildung schreitet nun weiter fort. Der Cod. Weiss. hat schon, wie Rom. I 10, *pelli noluit*, und diese bilden so den Uebergang zu der späteren Fassung des An. Nev., der das *pelli noluit* schon zu den beiden folgenden Versen ausbildet: (X 7 u. 8) „Non exit coluber, nec uult exire, sed beret Amplectensque uirum sibila dira mouet.“ — Die französ. Fassungen: LY und Y I folgen der Vorlage genau, nur geht Y I noch einen Schritt weiter, als der An. Nev., indem er, mit der Prosabearbeitung des An. Nev. (An. Nev. Prosa) gemeinsam, schreibt, die Schlange habe den Mann getötet, was dort doch, wörtlich genommen, nicht gesagt ist: (R. II 34) Vers lui se trait et si le mort, Tant que son hoste a laissé mort; vergl. An. Nev. Prosa IX: Innectens se ei, ipsum suo veneno cecidit.

Odo de Ceritonia und der von ihm abhängige Joh. de Schepeya gehen ihre eigenen Wege, indem sie wieder auf die älteste Fassung zurückgreifen: (Herv. II 636) ponens in sinum suum calefacit eum. Serpens calefactus Hominem fortiter pungebat.“ Es ist sehr unwahrscheinlich, dass hier eine direkte Bekanntschaft mit Phädrus vorliegt, aber wie ist der Fall sonst zu erklären? — Hier möchte ich nur noch bemerken, dass auch in der ital. Version des Ricc. ein solches Zurückgreifen stattfindet, indem es dort auch heisst, dass die Schlange *in seno* gesteckt worden sei, die Besudlung des Hauses aber — naturgemäss — ebenfalls fehlt. — Die Uebereinstimmung zwischen Odo und dem Ueberarbeiter von Y I in den dieser Fabel zugegebenen Versen wurde schon besprochen.

XI. De Asino et Apro.

Die Fabel, die erst im Cod. Weiss. und Rom. die Gestalt annimmt, unter der sie uns begegnet[1]) ohne dass ich hier auf ihre frühere Gestaltung einzugehen brauche, ist bei LY und Y I wesentlich dem An. Nev. entsprechend abgefasst, nur ist bei dem Letzteren die direkte Rede des Ebers weggelassen. Marie (R. 76) steht hier abseits, indem der Eber und Esel bei ihr zusammen rennen, u. s. w.

---

1) Uebrigens macht schon der An. Nil. einen Versuch, die Rohheit der Fabel, wie sie bei Phädrus vorliegt, zu schwächen.

XII. De Mure urbano et rustico.

Für Y I nichts zu bemerken. — LY schon besprochen.

XIII. De Vulpe et Aquila.

Hier hat Y I nur *un des renardiaus*, was nicht richtig ist, da der An. Nev. wohl hat *pro rapta prole*, aber drei Verse später: *redimit natos.* Vgl. auch Rom. II, 8: *Vulpinos catulos*, und Phädrus I 28: *Incolumes natos reddidit.* — LY hat richtig den Plural, dagegen Marie: l'un *emporta* (LBG schliessen sich wieder an). — Neckam hat wieder genau: *Vulpis catulos.* Er schliesst sich hier im Ganzen genau an Rom. an, doch drückt er das *supplex* des letzteren nicht aus, ähnlich wie Y I das *vulpem placat* des An. Nev. weglässt. Eigentümlicher Weise ist in Y II das *supplex* wieder ausgedrückt, ohne dass man indessen eine direkte Anlehnung an Rom. anzunehmen braucht, da hier die Bitte direkt gegeben, das *supplex* also nur dem Sinne nach vorhanden ist: (s. Rob. II 539) „Trestous les te rendrai, Dist l'aigle, par ma fay, Si m'oste de peril." — Den Umstand, dass der Fuchs den Feuerbrand *ab ara* holt, den doch schon die griechische Fabel bei Halm, Fab. Aesop. 5 (κατάπτὰς ἀπ᾽ τοῦ βωμοῦ σπλάγχνον ἔμπυρον ἀπήνεγκεν), ferner Phädrus, An. Nil., Cod. Weiss., Rom., und die Sammlungen von Wien und Berlin aufweisen, lässt sowohl Neckam als der An. Nev. aus, und für den ersteren ist dies ein Fall für viele, wo Rom. dem Phädrus näher steht, als er. Wir werden vielleicht, im Hinblick auf Hervieux I 708, darauf zurückzukommen haben. Die übrigen Bearbeitungen, soweit mir bekannt, zeigen ebenfalls das *ab ara* nicht. Nur die von Du Méril, S. 194, Anm. 6 aus Omnibonus mitgeteilte Fabel hat es, genau in der Verwendung, wie die schon citierte griechische.

XIV. De Aquila et Testudine.

S. LY. — Y I geht nur etwas weiter, als der An. Nev. Eine Einwirkung der Marie de France brauchen wir hier kaum anzunehmen.

XV. De Vulpe et Coruo.

Die Fabel ist seit Babrius wesentlich dieselbe geblieben. Einige Veränderungen seien hier bemerkt: Bei Phädrus I 13 schliesst die Fabel: Tum demum ingemuit corvi deceptus stupor und dieser Schluss bleibt bei den meisten Bearbeitungen: An. Nil. Tunc demum Corvus ingemuit, quia dolo esset deceptus, ut ignarus; Rom. 1 14 (und fast wörtlich so Cod. Weiss.): Tunc coruus ingemuit, et stupore detentus deceptum se poenituit; An. Nev. XV 8: Asperat in medio dampna dolore pudor; diesem schliessen sich Y I und LY an. — Hier wird also gewisser-

massen, bevor der Vorhang fällt, der Blick noch einmal auf den über-
tölpelten Raben gelenkt, und diese Texte bilden darin einen eigentümlichen Gegensatz zu den griechischen Fassungen, und der Neckam's, zu
denen sich auch noch Marie gesellt. Im Griechischen nämlich fesselt
der spitzbübische Fuchs bis zum letzten Augenblick unser Interesse,
indem er, nicht zufrieden damit, seine Beute erhascht zu haben, den
Betrogenen auch noch verhöhnt. Man vergleiche Babrius 77, V. 12:
„ἔχεις, κόραξ, ἅπαντα, νοῦς δέ σοι λείπει“, und Halm, Fab. Aesop. 204:
„ὦ κόραξ, ἔχεις τὰ πάντα, νοῦν μόνον κτῆσαι.“ Diesen ziemlich entsprechend
bietet nun auch Neckam (V. 14) Vulpis Inquit: „Prodesset plus tacuisse
tibi.“ Die Rede hat wenig oder nichts mit den eben citierten griechischen gemein; doch ist es auffällig, dass auch hier der Fuchs noch
einmal spricht. Sollte Neckam in irgend einer Beziehung stehen zur
griechischen Version? — Marie de France lässt den Fuchs nicht noch
einmal sprechen, zieht aber, wie die besprochenen Texte, unser Interesse
noch einmal auf ihn, indem sie sagt: „Puis n'ot il cure de sun chant“,
gewissermassen ein Zwischenglied zwischen beiden Darstellungsarten.
Auffallend ist nun, dass der Ausdruck *Puis n'ot il cure de sun chant*
in keiner der mir bekannten Sammlungen etwas dem Sinne nach Entsprechendes hat, als bei Y I: (R. I 9) „Qui lors sun chant bien pou
prisa.“ Es wäre doch mehr als auffällig, wenn diese Uebereinstimmung
als ein Spiel des Zufalls und nicht als Beweis einer direkten Einwirkung
der Marie auf Y I aufzufassen wäre. Doch wir kommen darauf zurück. — Y II stimmt genau zu seiner Vorlage.

XVI. De Leone et Apro et Tauro et Asello.

Die Fabel als solche bietet für uns keinen Anlass zu Bemerkungen. —
Nur die Moral verlangt, dass wir einige Augenblicke dabei verweilen.
Phädrus I 21 leitet seine Fabel mit den Worten ein: Quicumque
amisit dignitatem pristinam, Ignavis etiam iocus est in casu gravi, was
vollständig den eigentlichen Sinn wiedergibt. Der An. Nil. XVII dagegen
schreibt schon „Mansuetos esse in dignitate“ und richtet so einen Vorwurf gegen den Löwen, während derselbe doch den Esel treffen sollte.
Dies bleibt von da an der Sinn der Moral: Cod. Weiss. II 8 bietet
ein Zwischending: Quicumque amisit dignitatem, deponat audatiam
pristinam et sciat a quolibet injuriam pati; Rom. I 15: Monet heo
fabula multos mansuetos esse in dignitate. (Aehnlich Vinc. Bellov.) —
An. Nev. XVI 11: Hunc timeat casum, qui se non fulsit amico, Nec
dare uult felix, quam miser optat opem. Aehnlich haben auch Rom.
Nil. und die Fab. rhythm. — Joh. de Schep. hat den richtigen Sinn
getroffen, indem er aus Boëtius citiert: Quem felicitas amicum facit,

infortunium facit inimicum. Auch Marie de France (und im Anschluss an sie LBG, letztere Sammlung weniger deutlich) hat den richtigen Sinn: (Roquef. XV) Par meismes ceste resun Prenuns essanple dou Liun; Quicunques chiet en nunpoeir S'il pert se force et sun aveir. Mult le tiennent a grant vilté Neis li plusur qui l'unt amé. — Die frz. Uebersetzungen des An. Nev.: Y I und LY geben beide die unvernünftige Moral ihrer Vorlage wieder. Die einzige mir bekannte Uebersetzung, welche den Widersinn bemerkt und getilgt hat, ist die italienische des Riccardiano, wo es heisst: Noi dobiamo intendere per lo Lione l'uomo che è suto possente, e è caduto di sua potenzia, che recieve diservigio da colui da cui egli a già servito. E per l'Asino, Toro e Porco le persone che nocciono quando possono.

XVII. De Asino et Catulo et Domino.

S. Neckam V. — LY nichts Besonderes. — In Y I springt der Esel auf den Tisch seines Herrn.

XVIII. De Leone et Mure.

S. Neckam XXXXI. — Nichts Besonderes.

XIX. De Miluo egrotante.

Nichts zu bemerken.

XX. De Hyrundine aues monente.

Bei Phädrus ist die Fabel nicht vorhanden; dagegen finden wir sie in der Sammlung der Fab. Aesop. von Halm als Nr. 417, und zwar entspricht sie dort der unsrigen recht genau, wenn auch das Stichwort Oesterley's auf sie keine Anwendung hat, da es sich nicht um Hanfsamen, sondern um die Mistel, ἰξός, dreht, welche durch den aus ihr gewonnenen Leim den Vögeln gefährlich wird. Die Schwalbe ermahnt die Vögel einmal, wird verlacht, und begibt sich dann in den Schutz des Menschen. — Der An. Nil., die älteste uns erreichbare Sammlung, die die Fabel enthält, hat dagegen schon die zweimalige Ermahnung (Ut fructicavit, iterum ait Hirundo), welche sich ebenfalls bei Rom., Neckam, An. Nev. (sowie dessen Prosabearbeitung) und in den Sammlungen von Wien und Berlin zeigt. — Marie de France dagegen, ferner LBG, und die Fab. rhythm. haben nur eine Ermahnung, alle ohne Zweifel im Zusammenhang mit ihrer gemeinsamen Grundlage, dem Rom. Nil. — Es ist nun auffallend, dass, während der An. Nev. (wie alle Sammlungen, die zu derselben Familie gehören), zwei Ermahnungen hat, Y I, seine sonst treue Wiedergabe, nur eine aufweist. Sollte es

nicht erlaubt sein, auch hier wieder, ich will nicht sagen, einen Einfluss der Marie de Fr., doch wenigstens einen solchen der Tradition,
zu der Marie gehört, anzunehmen? Ob Marie selbst eingewirkt hat, davon wollen wir später reden. — Y I hat übrigens noch eine Eigenheit,
die mir bis jetzt noch nicht gelungen ist, irgendwo wiederzufinden,
nämlich die, dass die Lerche der Schwalbe auf ihre erste, hier einzige, Mahnung eine Antwort gibt: (R. I 43) Dame aronde, dist l'aloe,
Il n'est pas sage qui loe A faire dommage au preudhomme, etc. —
Vielleicht gelingt es noch, auch hier einen fremden Einfluss aufzudecken,
allein es ist auch wohl möglich, dass der Uebersetzer, der die direkte
Rede anwenden wollte, es vorzog, diese einer bestimmten Person in
den Mund zu legen. Sollte nicht auch vielleicht in dem *Il n'est pas
sage qui los à faire dommage au preudhomme* und dem Folgenden ein
Abkömmling des Gedankens zu suchen sein, der bei Marie und den
verwandten Texten die Vögel drohen lässt, dem Bauern Anzeige zu er-
statten, d. h. des Gedankens, dass es unrecht wäre, demselben zu
schaden? (s. Marie, Roquef. XVIII: Au seméour i vunt retraire Le
cunseil que lur ot duné). Obwohl ich nicht wage, dies fest zu behaupten, so halte ich es doch keineswegs für unmöglich.

Die Einführung der direkten Rede, und zwar als Antwort auf die
zweite Mahnung, ist auch das Einzige, wodurch sich Y II vom Novus
Aesopus unterscheidet. Neckam selbst stellt sich, wie schon angedeutet,
streng zu Romulus, und zwar gerade hier merkwürdig genau. Doch
ist er selbständig, und unterscheidet sich dadurch, soviel ich sehe, von
allen Andern, auch vom An. Nev. — wie ja überhaupt jede Beeinflussung Neckam's von seiten des Letzteren gar nicht entschieden genug
abgewiesen werden kann (s. weiter unten) — in der Einführung des
Namens *Progne* (die griechische Fabel hat χελιδών), ohne dass dies indessen von irgend welchem Einfluss auf die Gestaltung der Fabel
selbst wäre.

XXI. De Ranis a Joue petentibus regem.

a. Die Fabel zerfällt in zwei Teile (vergl. dazu auch Foerster
S. XIV), und es sei mir erlaubt, obwohl der erste Teil der Sammlung
Y I gar nicht ursprünglich angehört, doch einige Worte darüber zu
sagen:

Die griechische Fabel (bei Halm, Fab. Aesop. 76) hat die Vorfabel
noch nicht, dagegen tritt diese schon bei Phädrus I 2 auf, ganz wesentlich so, wie sie uns später zu begegnen pflegt. Der An. Nil. hat sie
wieder nicht, wohl aber Cod. Weiss., Rom. Nil., An. Nev. (dessen Prosabearbeitung sie wieder unterdrückt). — Odo de Ceritonia bietet sie

nicht, wie er ja die Fabel überhaupt ungemein kurz gibt. — Weggelassen ist sie auch in den Fab. rhythm.[1]), ferner, was für uns wichtig
ist, bei Marie und LBG. — Dabei sei auch bemerkt (s. Foerster a. a. O.),
dass die beiden Stücke, wo sie vorhanden sind, meistens als zwei verschiedene Fabeln gezählt werden, obwohl sie notwendig zusammen-
gehören: so in der Lyoner Hs. des An. Nev., so im Rom. Nil., wo die
Vorfabel in den Prolog des zweiten Buches verlegt wird, während die
Froschfabel selbst die erste dieses Buches ist. — Aus dieser Verkennung
der Zusammengehörigkeit beider Stücke mag es auch zu erklären sein,
dass so viele Bearbeitungen, obwohl sie zweifelsohne derselben Tradition angehören, die Vorfabel auslassen. So lässt es sich vielleicht erklären, dass in Y I diese Einleitung fehlt. Denn, wie schon gesagt,
beweist der Umstand, dass Ms. 1594 die Fabel hat, keineswegs etwas
für Y I, sondern gerade die Stellung, die die Fabel dort einnimmt, zeigt,
dass sie der Sammlung fremd ist: sie tritt nämlich als Nr. 59[2]) auf,
also hinter den Fabeln, welche dem Original von Y I angehören. —
Anzunehmen, dass auch hier wieder eine Einwirkung von Marie oder
LBG vorläge, halte ich für zu kühn, und glaube auch, dass wir dieser
Annahme nicht bedürfen.

b. LY, der übrigens hier, wie schon erwähnt, in einem wichtigen
Punkte abweicht, hat mit beiden Teilen der Fabel wenig Glück gehabt:
In beiden Teilen macht er grobe Fehler, im ersten das *Togus* (s. Foerster,
Anm. zu V. 1088), im zweiten die mehr als komische Umschreibung
des *hydrus* (s. auch Foerster, S. IV): „La cyoigne por roi lour baille.
Hydre li liures cy l'apelle, C'est aigue en grizoiche nouele. Hydre est
por ce li nons de maitre, Que sus les aigues se suet paistre, Ou por ce
que la seignorie Sus les raignes li est baillie . . . . etc." (V. 1154—60) und
„Cy endroit est hydre cyoigne" (V. 1166). Sonst bietet er keinen Anlass zu
Bemerkungen. — Bei Y 1 wird *hydrus* richtig durch *serpent* übersetzt,
und ist auch sonst Alles in Ordnung. Interessant sind die vier ersten
Verse der Moral (d. h. die ganze erste Moral), die für ebenso viele lat.
Verse (2 Disticha) stehen, wie ja der erste Uebersetzer sich auch sonst
einer löblichen Kürze befleissigt.

---

1) Es ist auch auffällig, dass die Fab. rhythm. und Marie, die doch beide
auf Rom. Nil. beruhen, hier gemeinsam abweichen.

2) Der Ueberarbeiter merkte also die Lücke und suchte sie nachträglich aus-
zufüllen, was ihm schlecht genug gelungen ist. Denn Fabel 59 verräth eine un-
geschicktere Hand, als die des Uebersetzers von Y I war, und zeichnet sich besonders durch gelehrte Reminiscenzen unvorteilhaft aus.

XXII. De Accipitre et Columbis.

Diese Fabel läuft wesentlich auf dasselbe hinaus, wie die vorausgehende: Frösche und Tauben suchen — die einen ohne, die andere mit Ursache — einen Schutzherrn, aber beide müssen sich am Ende sagen: „Es wäre besser, wir wären zufrieden gewesen, und hätten keinen Herrn!" LY verdirbt diesen Sinn einigermassen, indem er einsetzt: „A nieble guerroient. L'oitour Renoient come traitour" (V. 1229/30), so dass also die Tauben sich von ihrem selbst auferlegten Uebel wieder befreit hätten. — Ich lasse die Wandlungen, welche die Fabel früher durchgemacht hat, hier beiseite. — Diese Eigenheit findet sich in keiner der mir bekannten Sammlungen wieder, und scheint also der Sammlung LY eigentümlich. — Beim An. Nev. und, im Anschluss an ihn, in LY und Y I sprechen die Tauben insgesammt, während sonst, so schon bei Phädrus, nur eine von ihnen spricht. Sonst ist nichts zu bemerken. Neckam XXV hat auch, wie Romulus *Una* (*dolum noscens*)... *inquit*, und schliesst sich hier überhaupt genau an Rom. an. Y II bemüht sich ebenfalls, genau zu sein, versteht aber das *nisus* falsch und übersetzt es durch *oiseliere*, *oiseleur*, was doch wohl nichts bedeuten kann, als „Vogelsteller".

XXIII. De Fure et Cane.

Bietet weiter keinen Anlass zu Bemerkungen, als dass Y I den Dieb direkt redend einführt.

XXIV. De Lupo et Sue.

Nichts zu bemerken.

XXV. De Terra parturiente murem.

Hier nichts zu bemerken. — S. Neckam XXXV.

XXVI. De Agno et Lupo.

Nichts zu bemerken.

XXVII. De Cane uetulo.

Der Hund lässt sich bei Phädrus V 10: *hispidi suis aurem* entwischen; bei An. Nil., Cod. Weiss., Rom., LBG, ferner den Sammlungen von Wien und Berlin einen Hasen. Eine Ausnahme machen nur An. Nev. Prosa und Y I, die beide die entwischende Beute nicht bezeichnen (jedenfalls ohne Zusammenhang). — Die übrigen Sammlungen haben die Fabel nicht. — In Y I ist zu beachten, dass die Moral erst vier Verse später angeht, als Robert II 464 angibt.

— 47 —

XXVIII. De Leporibus et Ranis.

Die Fabel hat eine ziemlich starke Veränderung erlitten, und ist einer ausführlicheren Behandlung wohl wert. — Da die Fabel bei Phädrus nicht vorhanden ist, lege ich die griechische Fabel des Babrius Nr. 25 zu Grunde: Die Hasen wollen ohne andere Veranlassung, als ihren Ueberdruss am Leben demselben ein Ende machen und sich in einen Sumpf hinabstürzen. (V. 1—4: Γνώμη λαγωοὺς εἶχε μηκέτι ζώειν, πάντας δὲ λίμνης εἰς μέλαν πεσεῖν ὕδωρ, ὁθούνεκ᾽ εἰσὶν ἀδρανέστατοι ζώων, ψυχάς τ᾽ ἄτολμοι, μοῦνον εἰδότες φεύγειν)[1]). Im Uebrigen ist der Verlauf der bekannte.

Ich trage kein Bedenken, eine ähnliche Fassung vorauszusetzen bei Phädrus, nur scheint dort noch ein eigentlicher Anstoss, sei es der Lärm der Jäger und Hunde, oder sonst etwas, hinzugekommen zu sein, da dieser fast allen Bearbeitungen gemeinsam ist. (Subito strepitu setzt auch Luc. Müller voraus, s. seine Herstellung in der grossen Phädrusausgabe S. 89, mit der ich erst, nachdem das Vorausgehende geschrieben war, bekannt wurde.) Unklar ist dagegen, ob man auch anzunehmen hat, dass eine Versammlung der Hasen stattgefunden habe, oder nicht. Diese findet sich nämlich beim Rom. Nil. gemeinsam mit der einen griechischen Fassung bei Halm, während Cod. Weiss., Rom., die Sammlungen von Wien und Berlin, Vinc. Bellov., An. Nev. sie nicht aufweisen. — Man vergleiche: Rom. Nil. II 7: Ferunt fabulae jam dudum timidos (tumidos), Lepores sinodum fecisse, in quo firmum pactum inter se pacti sunt, ut, primo pavore superveniente, omnes ad rupes marinas fugerent, etc. Itaque, primo pavore superveniente, omnes Lepores fugientes ad ripam cujusdam fluminis, ubi ranae multae erant, pervenerunt, etc.; und dazu Rom. II 9: Cum strepitus magnus ad Lepores veniret subitus, consilium semel fecerunt, ut se praecipitarent propter assiduos metus. Es wäre nicht undenkbar, dass der Rom. Nil. hier die ursprüngliche Fassung besser erhalten hätte, als alle übrigen Lateiner, in Anbetracht dessen, dass er mit der einen griechischen Fassung in einem Zug übereinstimmt und besonders, dass die Fassung des Rom. und der andern übrig bleibt, wenn man von der des Rom. Nil. den ganzen ersten Teil wegstreicht. Der strepitus magnus ist dann eben der primus pavor superveniens. — Die Fassung des Rom. Nil. finden wir wieder bei den von ihm abhängigen Sammlungen LBG und Fab. rhythm., aber nicht bei Marie, die diesmal nicht die Vorlage von

---

1) Ganz ähnlich verhalten sich auch die beiden Fabeln bei Halm, Fab. Aes. 237 und 237 b, nur dass die eine den Beschluss der Hasen in einer Versammlung fassen lässt.

LBG abgegeben hat, sondern einen ganz anderen Weg einschlägt. —
Sie bietet nämlich einen Zug, der mir sonst nirgends begegnet ist: Die
Hasen denken nicht daran, sich das Leben zu nehmen, sondern wollen
nur auswandern (Roquef. 30):

> ... si esgarderent
> Qu'en autre teire s'en ireient,
> Fors de la grève ou ils esteient, etc.

Allein steht auch der Rom. Monac., der merkwürdigerweise wieder
den Gedanken des Babrius gibt: (Rom. Mon. XXIX) „Lepores statuerunt
consilium vel placitum: ... Eamus ergo et interficiamus nos"; ohne
dass dabei von einer momentanen Veranlassung die Rede wäre. Interessant ist dabei, wie der Rom. Monac. den *strepitus magnus* verwendet: Quo dicto placuit omnibus, et cum strepitu et saltibus ac
cum impetu magno ierunt ad flumen, ut se necarent", etc. Damit
kommen wir zu einem neuen Punkte: das *strepitus magnus*, welches
Rom. und die ihm zugehörigen Texte aufweisen, war undeutlich, und
ebenso auch das *Silua sonat* des An. Nev. (Es scheint auch in der
ältesten Grundlage, sei diese Phädrus oder eine andere Sammlung,
dieser Zug nicht deutlich gewesen zu sein, da ja auch der Rom. Nil.
nur das unbestimmte *primus pavor* aufweist; man vergl. die Herstellung
von L. Müller auf S. 89). Man konnte beidemale dem Lärm eine be-
liebige Ursache geben, ja man konnte sogar die Hasen selbst die Ursache sein lassen, wie es der Rom. Mon. ja thatsächlich thut. Dies
gab die Veranlassung zu Verschiedenheiten: LBG, obwohl an Rom. Nil.
angelehnt, geben statt des allgemeinen *primo pavore superveniente* an,
dass die Hasen von Jägern aufgeschreckt worden seien. Neckam, der
sich hier wieder streng an Rom. anschliesst, schreibt abweichend von
diesem: „Turbati fremitu venatorumque canumque" etc. (es kann sein,
dass LBG von ihm diesen Zug entlehnt haben) und ebenso hat Joh. de
Schep. XLIII: Lepores, cum audirent strepitum venatorum, et canum
post se, valde timuerunt, et consilium inierunt, ut se praecipitarent, etc.
(Ob im Zusammenhang mit Neckam, wage ich jetzt nicht zu entscheiden).

Diese Unsicherheit des Ausdrucks *Silva sonat* bewirkt auch eine
kleine Differenz in unseren Uebersetzungen: LY übersetzt sehr genau
und sehr bequem: (V. 1383) „Li bois comance fort a bruire"; Y I dagegen fasst das Geräusch als das des vom Winde bewegten Waldes:
„Li bois par grand vent fremissoient", insofern keine ungeschickte Auffassung, als ja die Furcht der Hasen dann noch um so lächerlicher erscheint.

Die Version, wie sie der An. Nev. zeigt, bezeichnet übrigens in so
fern eine noch weitere Veränderung, als sie im Gegensatz zu allen

anderen Fassungen (Marie allein ausgenommen, wovon wir sogleich reden werden) den Sumpf den Hasen nur zufällig in den Weg kommen lässt: (V. 1) „Silua sonat, fugiunt lepores, palus obuiat, herent,“ etc. Der Entschluss sich hineinzustürzen ist hier also nur hervorgerufen von der Furcht vor der folgenden, resp. als folgend gedachten Gefahr, ist also etwas sekundäres, während er sonst primär ist, und mehr aus dem Schamgefühl und der Unzufriedenheit mit der eigenen Aengstlichkeit entspringt. Bei Marie kommt der Sumpf auch nur zufällig den Hasen in den Weg, aber bei ihr wollen ja die Hasen auch nur auswandern und es besteht keinen Augenblick die Absicht bei ihnen, sich zu ertränken. Der Sumpf ist also bei Marie nur Hindernis, bei Rom. und den zugehörigen Texten aufgesuchtes Mittel zum Selbstmord, beim An. Nev. erst das eine, dann das andere. LY und Y I folgen in dieser Beziehung ihrer Vorlage, und auch Y II schliesst sich genau an Neckam an.

Y I hat indessen einen Zug, der ihm eigentümlich zu sein scheint, da ich ihn sonst nirgends gefunden habe, — allerdings ist er nicht sehr wichtig — nämlich das Maul der Hasen erweitert sich vor lauter Lachen über Gebühr und bleibt so seit jener Zeit: Si en rient si durement, Ce dist la fable vrayement, Que du ris leur fendy la bouche, Si que aus oreilles leur touche (Rob. I 141), was mir so recht den Stempel einer späten Zuthat an der Stirne zu tragen scheint.

XXIX. De Lupo et Haedo.

Nichts Besonderes. — S. Neckam XLII.

XXX. De Rustico et Angue.

Ebenso. — Siehe die Besprechung bei LY.

XXXI. De Ceruo et Oue et Lupo.

Die Fabel bietet bei Y I gar keinen Anlass zu Bemerkungen; das, was über LY zu sagen war, ist dort gesagt worden.

XXXII. De Caluo et Musca.

Auch hier scheint ein Schreib- oder Lesefehler die Veranlassung zu einer, wenn auch nur wenig, veränderten Fassung gewesen zu sein, Der An. Nev. Vers 2 hat am Ende *illa ridet* (sie lacht), was genau zu der ganzen Tradition stimmt: Phädrus (V 3) *inridens*, An. Nil., Cod. Weiss. und Rom., sowie auch Rom. Mon. *ridens*. Das also ohne Zweifel richtige *ridet* scheint aber von vielen Handschriften missverstanden zu sein: wie die Varianten bei Foerster ausweisen, lesen vier Handschriften *redit* (sie kehrt wieder). Derselbe Irrtum scheint auch den Uebersetzern von LY und Y I passiert zu sein, obwohl wenigstens bei dem

4

ersten sicher *ridet* im Text gestanden hatte: LY (1570) Cele s'en fuit,
puis torne erriere; — Y I (R. II 468): Puis se rassiet et puis s'en
saut (es muss die von Robert aus Ms. 1595 angegebene Var. in Betracht
gezogen werden). Auch der Riccardiano hat *tornava*. — Neckam, der
wieder dem Rom. genau folgt, unterscheidet sich nur dadurch, dass die
Fliege thatsächlich getroffen wird: (XIX V. 7 — 8) Dixit et instantem
violento percutit ictu; Attrita sanie sordida Musca fuit. (Nebenbei bemerkt, ist eine direkte Anlehnung an Phädrus dabei ausgeschlossen). —
Ihm folgt hierin und in allen Stücken genau Y II.

XXXIII. De Vulpe et Ciconia.

Die Fabel hat überall wesentlich den gleichen Charakter. Nur
haben alle Versionen, mit Ausnahme von Y I, den Zug, dass dem
Storche irgend eine nicht genauer bestimmte, flüssige Speise vorgesetzt
worden sei; Halm, Fab. Aes. 34: ἔτνός τι λιπαρὸν; Phädrus: *sorbitio-
nem*, etc. Y I dagegen gibt an, dass die Speise Honig gewesen sei,
worin er selbständig zu sein scheint. S. R. I 76: Renart sur la table
espandi Plain pot de miel . . .

XXXIV. De Lupo et Capite.

Wie schon zur Genüge dargethan ist, gehört diese Fabel nicht ursprünglich der Sammlung Y I an. Abgesehen von den früher schon
vorgebrachten Gründen beweist dies eine Vergleichung der Fabel mit
den andern, echten Stücken: sie ist weit nachlässiger übersetzt, und
besonders ist die lat. Moral fast nicht wieder zu erkennen, was doch
in allen echten Stücken sehr leicht ist. — Dieser Umstand, sowie der
andere, dass die Fabel überall wesentlich die gleiche ist, veranlasst
mich, nicht näher darauf einzugehen.

XXXV. De Graculo et Pauone.

Wegen dieser Fabel verweise ich, sowohl was Y I, als auch was
Y II betrifft, — in Bezug auf LY ist hier ja ohnedies nichts zu bemerken — auf die verdienstvolle Arbeit von Max Fuchs (Die Fabel von
der Krähe, etc. Berliner Dissert. 1886), wo unsere Texte auf S. 16 f.,
S. 25 f., und S. 29 f. besprochen werden.

Hier sei nur noch bemerkt: Rom., der Cod. Weiss., ferner der
An. Nev., Vinc. Bellov. und Rom. Mon. geben an, die Krähe habe sich

Anmerkung. Zu Max Fuchs, a. a. O. S 17, sei auch noch bemerkt, dass
der Rabe an die Stelle der Krähe auch bei Marie, und in der ital. Uebersetzung
des Riccardiano getreten ist. — Y I kann sich in dieser Fabel weder an Joh. de
Schepeya, noch an Renart le Contrefait selbst anlehnen, da beide jünger sind,
schöpft also hier wohl aus gleicher Quelle wie sie (aus Odo selbst?).

geschämt, zum eigenen Geschlecht zurückzukehren, und weichen dadurch von Phädrus ab, wo es ja heisst (I 3): „Male mulcatus graculus Redire maerens coepit ad proprium genus; A quo repulsus tristem sustinuit notam", wozu fast wörtlich der An. Nil. stimmt. Diesen beiden Letztgenannten nun schliessen sich auffälligerweise Neckam, Marie und LBG an. Man vergl. Neckam XII: Ad genus ergo suum dum flens miser ille rediret, Omnis turba sui reppulit hunc generis; und Marie (Roquef. 58): Dunt s'en volt as Corbiaus aler E Corbel revolt ressambler, Mes il l'unt tuit desconeu, Si l'unt sakié e debatu. — Ein Zusammenhang mit dem An. Nil. ist unabweisbar, aber auch zwischen Neckam und Marie liegt es sehr nahe, einen solchen zu vermuten, und wir werden, da die Frage sehr interessant ist, später wieder darauf zurückkommen. — Die Uebersetzungen, LY, Y I und Y II, stellen sich in dieser Beziehung zu ihren entsprechenden Vorlagen, nur die des Riccardiano schliesst sich dem An. Nil., resp. Neckam und Marie an: E lo Corbo così ispogliato e pizzicato fuggì fra gli altri corbi, della cui schiatta egli era.

XXXVI. De Mula et Musca.

Die Fabel hat mit der Neckam's, Nr. 36, nichts zu thun, und ist jedenfalls streng davon zu scheiden. Hier ist übrigens, ausser dem schon früher erwähnten Missverständnisse bei LY, nichts zu erwähnen, da LY und Y I der Vorlage genau folgen.

XXXVII. De Musca et Formica.

Die Fabel hat mit der bei Neckam vorliegenden: De Formica et Cicada nichts gemein, wie schon der An. Nil. und Rom. beweisen, wo beide Fabeln vorliegen (An. Nil. 27 und 56; Rom. II 18 und IV 19). Bei Phädrus ist nur die erste vorhanden, und umgekehrt entsprechen von den Fab. Aesop. (bei Halm) Nr. 295 und 401 beide der zweiten. — Was unsere Fabel anbelangt, so ist sie von Phädrus an sich überall ziemlich gleich geblieben, auch in LY und Y I; nur bei Marie de France und LBG treten als streitende Personen nicht mehr die Ameise und Fliege, sondern eine Biene und Fliege auf, wodurch der Charakter der Fabel indessen nur wenig affiziert wird. — LY zeigt hier vielfache Erweiterungen.

XXXVIII. De Lupo et Vulpe.

Seit Phädrus I 10 hat die Fabel in allen Sammlungen, wo sie vorkommt, (An. Nil., Rom., und auch bei Marie, die nur darin abweicht, dass sie den Löwen zum Richter macht, ferner bei der dazu gehörigen Sammlung LBG, und in der einen Hs. von Wien) wesentlich denselben

4 *

Charakter behalten: Die Fabel läuft ursprünglich auf einen Witz hinaus, s. Phädrus: „Tu non videris perdidisse quod petis; Te credo subripuisse quod pulchre negas," der auch von der Mehrzahl der Bearbeiter richtig verstanden und wiedergegeben wurde. Bei Marie und LBG ist er allerdings etwas getrübt, weil es dort den Anschein hat, als wenn eine Partei vor der andern den Vorzug erhielte, aber er ist doch wenigstens noch erkennbar: (Roquef. 89) Tut ait li Lox ainsi mespris Sa mençugne est mix convenauble E plus ressanle chose estauble, Que du Horpil la véritez, Nus d'ax n'en doit estre blasmez. — Der einzige, der den Witz gar nicht verstanden zu haben scheint, ist der An. Nev., der den Affen folgendermassen entscheiden lässt: (V. 5—8) .... „Poscis, quod poscere fraus est, Visque fidem de re, quam negat ipsa fides. Tu bene furta negas, te uite purior usus Liberat." .... Es ist in der That nicht einzusehen, wie der Fuchs zu einem solchen Lobe kommt, und man könnte, wenn nicht die ganze Tradition dagegen spräche, wirklich in Versuchung kommen, wie Robert I S. XC thut, die Lesung, welche die meisten Ausgaben des An. Nev. zeigen, als falsch anzusehen, und dafür die des Ms. 1594 einzusetzen, welche nach Robert's bestimmter Aussage lautet „Respondere lepus de furti labe tenetur. Vulpes eum vocat: haec petit, ille negat". In der That passt die Aenderung hier auffällig gut, und bedeutet an unserer Stelle eine entschiedene Besserung; trotzdem müssen wir behaupten, dass ursprünglich nichts weiter als ein Schreib- oder Lesefehler vorlag, indem vielleicht ein leichtsinniger Abschreiber statt *lupo : lepo* schrieb, und ein anderer dann, diesen Fehler benutzend, die ganze Stelle auf diese originelle Art in Ordnung gebracht hat. Dass, wenn auch erst in zweiter Linie, eine absichtliche Aenderung vorliegt, halte ich für ausgemacht. — Dass Schreib- oder Lesefehler zu sehr wichtigen Aenderungen Anlass gewesen sind, ist in der Fabellitteratur keine Seltenheit und uns auch schon wiederholt vorgekommen.

Y I nun arbeitet diese Neuerung weiter aus. Dem ohnehin mit der Tiersage in Berührung stehenden (resp. wenigstens mit derselben bekannten, was die aus jener entnommenen Namen beweisen) Uebersetzer lag es nahe, nachdem einmal Fuchs und Hase die Helden waren, jenen seiner sonstigen Raubritternatur entsprechende Vorschläge machen zu lassen. Er fordert den Hasen zum Zweikampf heraus, was dieser mit der weitläufig gegebenen Erklärung zurückweist, für eine solche Kleinigkeit sei kein Zweikampf statthaft. Wegen des vorgebrachten Grundes bemerke ich, dass er sehr wohl zu dem stimmt, was M. Pfeffer in dem Aufsatz: Die Formalitäten des gottesgerichtlichen Zweikampfs in der altfranz. Epik. Gröber's Zeitschrift für rom. Philol. IX 1, S. 19,

Anm. 1 sagt. Doch kann ich mich hier natürlich nicht darauf ein-
lassen. — Der Fall ist interessant, da man sieht, dass in der Fabellitteratur jede an sich noch so unbedeutende Veränderung eine ganze
Reihe anderer nach sich ziehen kann, und da besonders damit bis zur
Evidenz bewiesen wird, dass Y I thatsächlich nach der in Ms. 1594
vorliegenden lateinischen Version übersetzt ist, resp. dass der lat. und
franz. Text von Ms. 1594 beide aus dem Original stammen, was früher
schon dargethan wurde. — Es bedarf keiner Erwähnung, dass die letzte
in der franz. Uebersetzung, Y I, vorgenommene Aenderung vollständig
selbständig ist, und nichts als weitere Entwicklung aus der, welche im
lat. Text stattgefunden hatte.

XXXIX. De Rustico et Mustela.

Bietet keinen Anlass zu Bemerkungen.

XL. De Rana et Boue.

Die Fabel stellt sich, wenn auch nur der Moral nach, zu Marie
(Roquef. 65), wo indessen ein Adler und Käfer mit einander wetteifern,
so dass nicht mehr viel Aehnlichkeit mit unserer Fabel zu finden ist.
(Diese Fabel Marie's hat indessen nichts zu thun mit Halm, Fab. Aesop. 7,
wo auch Adler und Käfer die Träger der Handlung sind, aber mit einer
ganz verschiedenen Entwicklung.) Direkt stammt die Fabel wohl ab
von Babrius 28 und der bei Halm, Fab. Aesop., als Nr. 84 mitgeteilten
Fabel, wo indessen die Veranlassung für die Selbstüberhebung des
φρῦνος eine andere ist, als die uns bekannte, und das Ende ebenfalls
ein anderes, da die Kröte nicht wirklich platzt. — Völlig dem Sinne
nach gleich mit der beim An. Nev. vorliegenden Fabel ist die bei Phaedrus I 24, der auch An. Nil. 33, Rom. II 21, Odo de Ceritonia (Herv. II
S. 640) u. s. w. genau entsprechen.

Unsere Uebersetzungen lassen sich beide, besonders aber LY, hier
ein unverzeihliches Missverständnis zu schulden kommen: Sie fassen
nämlich die Sache so auf, als habe der Frosch mit den Ochsen einen
Kampf aufnehmen wollen. Vergl. LY V. 2091 — 94 .... Quar lesse
ester, Tu ne puez a lui contrester. Ne te prandre a buef, belle mere,
Il t'ocirrai de mort amere; und V. 2101—2: S'es cornes contre toi se
prant, Petite es, tost te puet creuer. — Dazu Y I: Quar au buef n'aves
vous povoir (R. I 14). — Zu diesem Missverständnis hatte der An. Nev.
Anlass gegeben durch den Vers 4: Vincere non poteris, uicta crepare
potes.

XLI. De Pastore et Leone.

Beim An. Nil., der ältesten Sammlung, in der ich die Fabel gefunden
habe, trägt dieselbe schon ganz wesentlich denselben Charakter, wie

bei Rom. und An. Nev., nur wird gesagt, der Hirt sei *falso crimine* beschuldigt worden. Neckam stimmt auch wesentlich zu Rom., aber er und der An. Nev. lassen weg, dass der Löwe *oculos et vultum cum rugitu ingenti tunc ad populum levavit.* — Den mittelalterlichen Uebersetzern bot von der ganzen Fabel nur der Vorgang auf der Arena Schwierigkeiten, und sie suchten sich auf verschiedene Weise damit abzufinden. Auch scheint ihnen nicht klar geworden zu sein, in welchem Verhältnis das Volk zu der Handlung steht. So gibt im Riccardiano der *Signore di Roma* den Löwen und Hirten frei. (Allerdings hat auch der An. Nil. *rex*, im Gegensatz zu Rom. und Cod. Weiss.). Der An. Nev. hat *Roma*, was vielleicht in der Weise aufgefasst wurde, wie Shakespeare die Namen *France, Albany* aufzufassen pflegt. — Y I scheint dem lat. Text noch verhältnismässig am nächsten zu stehen: die *arena* wird wohl nicht genannt, aber der Uebersetzer, denkt sich doch wenigstens den Vorgang richtig, wie sich aus den Worten ergibt: „Et li peuple qui cils regarde S'en esbait moult durement" (R. II 472). — LY dagegen weiss mit der *arena* schon gar nichts mehr anzufangen: er scheint sich darunter eine Art Zwinger vorzustellen, wie die waren, in denen man Bären u. s. w. hielt, denn er übersetzt *caiue*, und redet von einem Wärter, der die Römer benachrichtigt habe. LY V. 2156: En une caiue lo posarent, etc.; — V. 2179 ff.: L'andemain por doner pasture Vient es lions cil qui les garde, De ceste nouele auenture S'esbaiet moult, quant le regarde. Esbaie fust la citey, Quant oient ceste ueritey. — Y II findet sich wieder anders mit der Sache ab: er überträgt das Ganze auf mittelalterliche Zustände; der Hirt wird vom Profoss an den Pfahl gebunden, und soll soeben getötet werden, da befreit ihn der Löwe. Der Profoss und die übrigen Leute fliehen, kehren aber alsbald wieder zurück, und glauben, den Hirten zerrissen zu finden. Zu ihrer Verwunderung ist er unversehrt und wird begnadigt, resp. niemand wagt Hand an ihn zu legen. — Wie man sieht, sind alle diese Abweichungen völlig originell und auch unter sich unabhängig.

XLII. De Leone et Equo.

Die Fabel ist seit dem Cod. Weiss. und Rom., wo sie zuerst auftritt, ziemlich unverändert die gleiche geblieben. Doch sind einzelne Abweichungen zu bemerken, welche hauptsächlich die Uebersetzungen betreffen. — Der An. Nev. entspricht hier genau dem Romulus. Neckam dagegen lässt, nachdem das Pferd den Löwen niedergeworfen, jenes noch ein paar Worte sprechen. — Von den Lateinern weicht ferner noch ab die Sammlung LBG, indem das Pferd sich krank stellt, und so erst den Löwen zu der Frage, was ihm denn fehle, veranlasst. — LY stimmt

genau zu seiner Vorlage; Y I dagegen bietet eigentümlicherweise, dass
das Pferd wirklich krank gewesen sei, wodurch die Fabel wesentlich
abgeschwächt wird: (R. I 319) Un chevaux malade paissoit En un pré
ou ung lion passoit, etc. — Y II hat seinerseits die von Neckam (mit
dem er die genannte Rede des Pferdes gemeinsam hat) und der ganzen
Tradition abweichende Eigentümlichkeit, dass die Rede des wieder zu
sich kommenden Löwen weggelassen ist, und dass die Aufforderung
hinzukommt, das Pferd solle sich legen, sowie die Antwort darauf:
(R. I 322) Frere, dit le lion, Couche toi: si verron Le mal apertement.
Je ne me puis coucher, Respont le destrier, Si en sui moult dolent —
Sonst ist nichts zu bemerken.

XLIII. De Equo et Asino.

Bei LY und Y I nichts Besonderes. — S. Neckam XXXII.

XLIV. De Quadrupedibus et Auibus.

Beim An. Nil., wo die Fabel schon den uns vorliegenden Verlauf
nimmt, wird die Fledermaus von beiden Geschlechtern ausgestossen:
(An. Nil. 38) In pacem cum redissent pristinam, utroque generi fraus
decepta apparuit. — Die späteren Fassungen weichen zum Teil ab:
Bei Rom. III 4, dem An. Nev. und der zugehörigen Tradition, schliessen
nur die Vögel den Verräter aus: (Rom. III 4) Vespertilio vero sen-
tentia avium dampnatur, etc. (der An. Nev. lässt allerdings die Sache
halb erraten). — Der Rom. Nil. und von ihm abhängig Marie, LBG,
und die Fab. rhythm. lassen die Fledermaus zweimal zur andern
Partei übergehen. Doch wird sie im Rom. Nil. (in den Fab. rhythm.
weniger deutlich) nur von den Vögeln, bei Marie und LBG dagegen
von beiden Parteien ausgestossen. Auffallend ist, dass Neckam sich in
dieser letzteren Beziehung zum An. Nil., Marie und LBG stellt. Ueber-
haupt folgt Neckam in dieser Fabel dem Rom. viel weniger genau, als
sonst: Es wird der Kampf nicht beschrieben; das Eingreifen des Adlers
ist ganz ausgelassen; dagegen ist erklärt, wie es die Fledermaus wagen
konnte, sich bald der einen, bald der anderen Partei anzuschliessen
(Fabel 2): „Auribus et mammis se quadrupedem simulabat; Credi par
alis alitibus poterat." Er scheint hierin völlig selbständig zu sein, denn
keine andere Sammlung bietet etwas Entsprechendes. — Y II (Rob. I 112)
stimmt, wie gewöhnlich, zu seiner Vorlage; nur ist dabei zu bemerken,
dass chat-hua keine adäquate Uebersetzung von vespertilio sein kann,
und dass es sich nach der Meinung des Uebersetzers in der That um
einen Vogel handelt: car oisel estoit . . . . . . — Ferner muss bemerkt werden, dass die Moral zu einem guten Teil sekundär, wohl das

Werk eines Abschreibers ist, da es unwahrscheinlich ist, dass der Verfasser sich in derselben Fabel wörtlich wiederholt. Man vergl. die Verse, welche der eigentlichen Fabel angehören: „Sa fausseté si fu sceue, Et des deux parts apperceue. Chascun le hait" mit den aus der Moral entnommenen Versen: „Quant sa fausseté est scéue Et des deux parts apperceue, Chascuns le het." — ... Y I schliesst sich ebenfalls seiner Vorlage genau an, und fügt nur den Zug bei, den ich sonst nirgends gefunden habe, dass die Fledermaus zur Strafe geschlagen und von den Schlägen kahl und schwarz geworden sei: (R. I 111) Et tant fusterent et tant batirent Pour ce que d'eulx s'en fu alé, Que demeura noire et pelée. ... — Die eigentümlichste Abweichung bietet LY, veranlasst von seiner unmittelbaren Vorlage, der Lyoner Hs. des An. Nev. Diese Abweichung ist schon besprochen.

XLV. De Filomena et Accipitre.
Nichts Bemerkenswertes.

XLVI. De Lupo et Vulpe.

Bei dieser Fabel ist allein zu bemerken. dass Y I nach der ersten Rede des Wolfs eine Bitte des Fuchses einschaltet. (R. I 268) Non fais, dit regnart, par ma foi, Ne demand' mais que je truisse De quoy desjeuner puisse, etc. — Die italienische Uebersetzung des Riccardiano, führt hier den Grundgedanken in der Weise aus, dass der Fuchs von demselben Hirten getötet wird, wie der Wolf, und zwar in direkter Folge seines Verrats: Pensò il pastore: Io posso cosi pigliare la Volpe come il Lupo. E fecie il laccio e prese la Volpe e uccisela.

XLVII. De Ceruo, tibiis et cornibus.

Die Fabel, die bei allen mir bekannten Lateinern wesentlich die gleiche ist, bietet auch in den franz. Fassungen nur wenig Besonderes: Marie (Roquef. 32) legt die Moral dem Hirsche selbst in den Mund. — Y I lässt den Hirsch nicht an der Quelle von den Jägern und Hunden angegriffen werden, sondern diese fallen ihn erst an, als er wieder in den Wald zurückgekehrt ist: (R. II 19) Au bois arriere s'en retourne, Où il aura autres nouvelles, Qui jà ne lui seront mie belles: Quar au bois avoit des veneurs; eine Eigentümlichkeit, die sonst nicht zu finden ist.

Y II (Robert II 21) folgt Neckam, legt aber die Rede des sterbenden Hirsches nicht diesem selbst in den Mund, sondern gibt den Inhalt derselben vom Standpunkt des Erzählers.

XLVIII. De Viro et Uxore.

Die Fabel, welche bei Robert aus Ms. 1595 abgedruckt ist, da sie, ebenso wie die beiden folgenden, im Ms. 1594 nicht vorhanden ist, ist in fast allen Fassungen wesentlich die gleiche. Wegen der Veränderungen, die sie durchgemacht hat, sei Folgendes bemerkt:

Bei Phädrus (Perotti) App. XIII handelt es sich um mehrere Diebe, und es wird sogar die Art ihres Verbrechens bezeichnet: *fanum qui conpilarant Iovis* (V. 6); in den andern, späteren Fassungen nur um einen, ja bei einigen wird er nicht einmal als Dieb bezeichnet, so bei Rom. III 9: „Contigit interea, ut aliquis peccasset," u. beim An. Nev. „Ecce reum dampnat iudex, crux horrida punit" (V. 7). — Bei den meisten teilt der Ritter entweder der Wittwe blos seine Not mit, zugleich mit seiner Furcht vor Strafe, so bei Phaedrus: „Ne subeat ille poenas negligentiae"[1]); An. Nev. Prosa, und Fab. rhythm.; oder er wirft sich ihr in seiner Angst zu Füssen, und bittet sie um Hilfe (so Rom. III 9: „confugiensque ad pedes Mulieris volutare se coepit," und Rom. Nil.), lässt aber in beiden Fällen die Folgen, welche die Entdeckung und die Furcht vor derselben nach sich ziehen muss, unbestimmt: nur beim An. Nev. thut er dies nicht: „Rex michi seruandum dederat, me regius ensis Terret, et extorrem me jubet esse timor," und Y I (Rob. II 431) arbeitet dies in der Weise aus, dass nicht nur der Ritter der Wittwe auseinandersetzt, was ihm bevorsteht (Jamais n'en sera delivré, Que ly roys ne le face pendre Si ne s'enfuit sans plus attendre), sondern, dass ihm ausdrücklich mit der gleichen Strafe gedroht wird, wenn der Gehängte entwendet würde: Que se il le larront perdoit, Il seroit pendus la endroit. — Im Uebrigen hat Y I ziemlich genau den Text wiedergegeben. Frei ist der Anfang: Ça se traie cils qui a femme Si chier com a son corps et s'ame, Et si orra une matire Qui aus maris est bonne a dire; frei ist ferner auch, und sonst nirgends zu finden, dass die Wittwe ihren verstorbenen Gemahl nur scheinbar geliebt habe: Qui, par samblant, mout s'entramoient (LY, bei dem nur der Anfang der Fabel erhalten ist, hat auch nichts davon, sondern schreibt: (V. 2588) Cele l'amoit d'amour entiere): und endlich auch der Schluss der eigentlichen Fabel: (Si la prist puis par mariage.) Si ne scé-je s'il fit que sage. Autant puet-il de soy attendre Con du premier qu'elle fist pendre. — In allen Fassungen überliefert die Frau ihren toten Gemahl dem Ritter: beim An. Nev. bindet sie ihn sogar selbst an den Strick (restem subligat ipsa uiro), und der An. Nev. Prosa erhöht das Widrige noch mehr, indem die Wittwe dem Toten, um ihn dem Dieb ähnlicher zu machen,

---

1) Nachträglich sehe ich, dass bei L. Müller dieser Vers anders verwendet ist.

mit einem Stein die Vorderzähne einschlägt (. . . . cum diceret Miles,
quod bene perciperetur, quia latro amiserat dentes anteriores. Mulier,
accepto lapide, confregit dentes mariti sui . . . .) — Ganz abseits steht
Marie, welche, getrennt von der ganzen Tradition, den Ritter nicht den
Wärter, sondern einen Verwandten des Diebs sein, und ihn selbst den
Leichnam entwenden lässt. Vorher wird bei ihr ein ausdrückliches Ver-
bot mit Strafandrohung erlassen gegen jeden, der es wagen würde, die
Leiche zu entwenden: (Roquefort XXXIII) Pres d'iluec aveit un Lairun
Qui ert penduz par mesprisun; Par la cuntrée fud criéi Qui le Larron
aureit ostéi, Sun jugemens mesmes aureit. Uns Chevaliers le despendi
Ses parens ert, si l'enfoï. — Man könnte sich versucht fühlen, aus der
Thatsache der vorgängigen Androhung, welche Marie und Y I aufweisen,
auf eine Einwirkung jener auf diesen zu schliessen; doch wage ich es,
in anbetracht des verschiedenen Inhalts dieser Drohungen, nicht, dies
zu thun. — Dagegen ist es wohl nicht anders möglich, als dass zwischen
Marie und dem An. Nev. eine Berührung besteht, wenn beide allein von
der ganzen Tradition den Zug haben, dass der Ritter ausser Landes
flüchten will; vergl. An. Nev.: *extorrem me jubet esse timor* und Marie:
Se ne li seit cunseill duner Fors dou païs l'estuet aler. — LBG folgen
hier nicht der Marie, sondern der gewöhnlichen Tradition.

XLIX. De Iuuene et Thayde.

Der An. Nev. scheint den Grundgedanken der Fabel, die Spitze,
auf welche dieselbe hinausläuft, falsch, oder anders verstanden zu haben,
als derselbe gewöhnlich aufgefasst wurde. Man vergleiche Phädrus,
App. XXVII „Libenter, inquit, mea lux, hanc vocem audio, Non quod
fidelis, sed quod iocundast mihi", wozu Cod. Weiss., Rom., Nil., LBG
und auch, wenn auch weniger genau, die Fab. rhythm. stimmen, mit
An. Nev. V. 11 ff. "Sed falli timeo, quia me tua lingua fefellit, Pre-
teriti racio scire futura facit. Vitat auis taxum, quam gustu teste pro-
bauit. Fallere uult hodie, si qua fefellit heri". Während bei Phädrus
und den andern der Jüngling nur zeigt, dass er die List durchschaut,
weist er beim An. Nev. die Buhlerin ab. Y I bietet ganz entsprechend
und genau (Rob. II 490): Je me doubt, dit-il, toute voie, Qu'ancores
decéuz ne soye: Autre foys m'avez decéu A paroles, bien l'ay scéu. . . .

Ferner ist zu bemerken, dass der Verfasser von Y I aus Ratlosig-
keit das Wort *Thaïs* wieder als das fasst, was es ursprünglich war,
nämlich als Eigennamen; „Une femme yere en un païs Qui estoit nom-
mée Thaïs."

L. De Patre et Filio.

Die Fabel hat überall genau den gleichen Charakter. — Bei Y I
ist zugegeben die Darstellung, wie der Vater die Anwendung macht:

(R. II 493) Au preudomme de ce souvint Et puis a sa mesnie vint: Devant son fil l'un fiert et chace, L'un ledange, l'autre menace; Si les tourmentoit et menoit Que n'y a nul qui paour n'ait, etc.

LI. De Vipera et Lima.

Die Fabel, welche mit Marie (Roquef. 83) wenig zu thun hat, wird besser bei Neckam XVI behandelt.

LII. De Ouibus et Lupis.

Y I nichts Besonderes. — LY lässt das Heulen der Wölfe weg, und die als Geiseln gegebenen Wölfe greifen selbst an.

LIII. De Viro et Securi.

Nichts Besonderes.

LIV. De Cane et Lupo.

Nichts Besonderes. — S. Neckam XXXIX.

LV. De Ventre et Membris.

Ebenso. — S. Neckam XXXVII.

LVI. De Simia et Vulpe.

Nichts zu bemerken.

LVII. De Institore et Asino.

Die Fabel bietet nichts Besonderes, als dass bei LY (hier als Fabel XVIII) die Sache so aufgefasst wird, als ob der Kaufmann den Esel erst auf dem Markte kaufe und dann zu Hause schlecht behandle.

LVIII. De Ceruo.

Es ist auffällig, dass in Y I das *stertere* der Vorlage durch *espovanter* gegeben wird: (R. I 300; es muss die Var. aus 7616. 3 betrachtet werden) Ly sergent espovanter seulent, Et li debonnaire aidier veulent; zu An. Nev. V. 26: Stertere seruorum, velle juuare pii. Es ist klar, dass die aus Hs. G angeführte Lesart: *sternere* hieher gezogen werden muss, und ich bin begierig zu erfahren, ob eine Verwandtschaft zwischen beiden Handschriften auch sonst zu konstatieren sein wird. Doch kann man dies erst nach Kenntnisnahme von dem YI begleitenden lateinischen Text entscheiden.

LIX. De Judeo et Pincerna.

Die beiden letzten Fabeln des An. Nev. tragen ihren Namen nicht mit Recht: es sind keine eigentlichen Fabeln, sondern fableau-artige

Erzählungen, welche dem An. Nev. vollständig eigentümlich zu sein
scheinen. Eine Einwirkung fremder Sammlungen ist hier ausgeschlossen,
da diese Stücke sich nur beim An. Nev. und seinen Bearbeitungen
finden. — In Fab. 59 schliesst sich Y 1 genau an; LY dagegen zeigt
einige Eigenheiten: Der Jude ist aus Babylon (V. 3177) Un iuyf, nez
en Babiloinne; ferner geben die Rebhühner beim Braten einen Ton
von sich: (V. 3245) Les perdriz qui se rostissoient Un son, come en
plaignant, facoient.

LX. De Ciue et Equite.

LY lässt abweichend vom Latein den komischen Umstand aus,
dass der Bauer sich ebenfalls setzt (s. Foerster, Anm. zu V. 3525), und
lässt ferner den Ritter hinrichten, was dem Latein allerdings nicht entspricht, wohl aber dem bei Pfeffer; a. a. O. S. 71, citierten Gebrauch.
Dort heisst es nämlich: „Die gewöhnlichste Strafart war die, dass der
Schuldige an den Schwanz eines Pferdes gebunden, von diesem eine
Zeit lang geschleift, und dann aufgehangen wurde." Dem entspricht
genau Vers 3577/8: L'on li ai bien son droit rendu, Quar on l'ai train-
nez et pendu." — Y I bietet diese Eigenheit nicht, sondern sagt: Ce
ne say - je que fist le roys Du chevalier et du bourgoys." — Auch der
Riccardiano hat nichts davon, sondern entspricht genau dem Latein.
Es wird nur gesagt: cosi fu vituperato, was sich indessen wohl auf das
Vorhergehende bezieht.

Ich versuche jetzt, aus dem Gesagten das Fazit in Bezug auf Y I
zu ziehen, und habe dabei zuvörderst die Frage zu beantworten: Ist
unsere bisherige Annahme richtig, dass zwischen LY und Y I kein Zusammenhang besteht? Dass die Frage mit einem entschiedenen Ja zu
beantworten ist, beweisen nicht nur die sehr zahlreichen Fälle, wo nur
eine von beiden Uebersetzungen von dem lat. Texte des An. Nev. abweicht, sondern besonders auch die Fälle, wo beide, und zwar in gleicher
Richtung, abweichen. Solcher Fälle haben wir vier, die ich zur besseren
Vergleichung hier wiederhole:

Fabel I. — LY Et dit con cil cui point n'agree.
  Y I Com cil qui point ne la prise.
Fabel VII. — LY u. Y I lassen den Erzähler selbst die Anwendung
  auf die fröhlichen Nachbarn machen.
Fabel XXXII. — LY u. Y I übersetzen, als wenn redit statt ridet im
  Texte gestanden hätte.
Fabel XL. — LY u. Y I stellen die Sache so hin, als ob der Frosch
  mit dem Ochsen habe kämpfen wollen.

Man sieht auf den ersten Blick, dass nicht einer von diesen Uebereinstimmungen der geringste Wert beizulegen ist: Die erste ist nichts als ein zufälliges Zusammentreffen von Worten; in der zweiten haben wir einen Fall, dass beide Uebersetzer gleichzeitig ihrem Hang zur Darstellung in direkter Rede, veranlasst durch die vorausgehende Erzählung, nachgegeben haben; im dritten Fall passiert dem Uebersetzer von LY, oder vielleicht beiden, ein Lesefehler; sie lesen redit, statt ridet, was ja so vielen Schreibern an dieser Stelle passiert ist, (man bemerke auch, dass Hervieux II 399 ebenfalls redit liest); der vierte Fall verliert vollends dadurch allen Wert, dass der An. Nev. selbst, wie schon erwähnt, durch sein *vincere* und *victa* Veranlassung zu dem Missverständnis gegeben hat, und dass dieses bei Y I (Quar au buef n'aves vous povoir) nicht so klar vorliegt, wie bei LY.

Auch sprachliche Uebereinstimmung zeigt sich nur in so geringem Masse, dass die Gemeinsamkeit des Stoffes einen hinreichenden Erklärungsgrund darbietet; so z. B. bei dem Zusammentreffen der Reimwörter: LY V. 995 — 998 *conquise : occise, honte : soremonte* und Y I Fabel XVIII, V. 13—16 *occise : acquise, seurmonte : honte.*

Es steht also fest: LY und Y I stehen in gar keinem Zusammenhang. — (Die gemeinsame Auslassung einiger Fabeln, die vielleicht so aufgefasst werden könnte, beweist gar nichts, wenigstens für Y I selbst, da ja das Original dieser Uebersetzung diese Fabeln enthalten haben muss.)

Fremdem Einfluss ist Y I nur sehr selten ausgesetzt gewesen, und zwar scheint nur, — abgesehen von Fabel XXXV, wozu Fuchs a. a. O. und das von mir Gesagte — die Tradition, die wir am besten als die des Rom. Nil. bezeichnen, eingewirkt zu haben. Es dreht sich, wie sich aus der vorausgängigen Besprechung der einzelnen Fabeln ergibt, hauptsächlich um die Frage, ob es auch hier wieder Marie de France ist, die modifizierend einwirkt, oder wer sonst. Zur Entscheidung stellen wir hier die wenig zahlreichen Fälln übersichtlich zusammen:

Fabel V. — An. Nev.: *carnem*; Marie: *formage*; LBG: *caseum* (Marie und LBG haben den Umstand, dass der Hund über eine Brücke geht); Rom. Nil.: *partem crudae carnis*; Y I: *fromage* (mit der Bemerkung, andern hätten *chars*).

Fabel XIII. — An. Nev.: *rapta prole* und *natos*; Rom. Nil.: *vulpinos catulos*; Marie: *l'un emporta*; LBG *donec **unum** apprehenderet*; Y I: *un des renardiaus.*

Fabel XIV. — Y I: *La corneille s'en est pèue*, was dem Sinne nach zu Marie: *Le Peissonet dedens menja* stimmt, aber

recht wohl auch nur Weiterentwicklung aus dem
An. Nev. sein kann. LBG bieten ebenfalls: Quam
Cornix subtus expectans protinus rapuit, et Aquilam esurientem fraudavit. — Der Rom. Nil. bietet
nichts Aehnliches.

Fabel XV. — Marie: *Puis n'ot il cure de sun chaut.* Y I: *Qui lors
sun chant bien pou prisa.* LBG haben nichts der-
artiges, ebenso wenig der Rom. Nil.

Fabel XX. — Y I hat nur eine Ermahnung, wie Marie, LBG und
der Rom. Nil.

Man sieht, dass die vorhin aufgeworfene Frage keineswegs so leicht
und rasch zu entscheiden ist, als bei LY. — Einer von unseren Fällen,
der dritte, verliert, wie eben erwähnt, jede Beweiskraft.
Der Rom. Nil. selbst kommt nicht in Betracht. Da nun ein Fall,
der vierte, nur aus Marie erklärt werden kann, und nicht aus LBG, so
spricht die grössere Wahrscheinlichkeit dafür, dass hier ebenso wie bei
LY eine Einwirkung von seiten der ersteren vorliegt, zumal da schon
a priori eine Beeinflussung durch die wenig ältere Sammlung LBG
(vergl. Mall a. a. O. S. 293) nicht viel Wahrscheinlichkeit für sich hat.
(Man vergl. auch das früher über das Alter von Y I Gesagte.)

Bei dem einen, oder andern dieser Punkte könnte man vielleicht
versucht sein, ein Spiel des Zufalls anzunehmen, aber beim ersten ist
dies unter jeder Bedingung ausgeschlossen. Hier gibt uns der Verfasser selbst Aufschluss darüber, wie die Entlehnung vor sich gegangen
ist, und beweist zugleich, dass eine solche vorliegt. Er sagt nämlich
im Anfang von Fabel V: Un chien passoit un yave a nou, En sa gueule
un fromage mou, Autres dient que ce yere chars . . . . (R. II 50).
Man sieht, der Uebersetzer ist sich bewusst, dass hier ein Unterschied
besteht zwischen seiner Vorlage und einem andern ihm bekannten Texte
(entweder Marie oder LBG). Er hatte aber, als er seine Fabel schrieb,
keine andere Fabelsammlung vor sich liegen, aus der er diesen Zug
direkt entnahm, da er doch dann sicher nicht die Lesart des eignen
Textes als die fremde bezeichnen würde. Man sieht also, dass es sich
hier nur um eine — wenn auch bewusste — Reminiscenz dreht, und
dass der Dichter mit der fremden Lesart so wohl vertraut ist, dass er
sie in der Eile sogar mit der des eignen Grundtextes vertauscht, und
als die richtige bezeichnet (Autres dient que ce yere chars). — Ich
habe gesagt, es drehe sich um eine bewusste Reminiscenz, damit soll
aber noch keineswegs gesagt sein, dass die Anlehnung an einen fremden
Text auch beabsichtigt sei. Im Gegenteil! Die Stelle beweist uns
sogar, dass es nicht im Sinne des Uebersetzers lag, zu ändern, denn

sonst hätte er, das lässt sich sicher nicht bezweifeln, die Lesart der
Vorlage überhaupt gar nicht erwähnt, sondern einfach durch die fremde
ersetzt. Noch gewisser wird dies, wenn man bedenkt, dass der Uebersetzer von Y I im Ganzen und Grossen äusserst genau arbeitet, und
dass die übrigen Aenderungen, die er aufweist, selten einen wichtigen
Punkt betreffen, und fast nie den Verdacht der Absichtlichkeit auf sich
ziehen. In der That sehe ich nur zwei Fälle, wo der Uebersetzer mit
Bewusstsein und Absicht geändert zu haben scheint: in Fabel II, wo
er den lästigen Rest der missverstandenen alten Fassung unterdrückt,
und in Fabel XXXVIII, wo, wie schon mehrfach erwähnt, die eigentümliche Lesart *lepus* statt *lupus* eine starke Veränderung bei Y I nach
sich zieht. Doch erklärt sich der erste von diesen Fällen auch wieder
leicht dadurch, dass der Uebersetzer der Sinnlosigkeit, die er vorfand,
abhelfen wollte, und legt dadurch ein Zeugnis dafür ab, dass er mit
Bedacht und Aufmerksamkeit zu arbeiten pflegt, ein Urteil, das durch
alles, was wir bisher über ihn zu sagen Gelegenheit hatten, nur be-
stätigt wird. — Was von einem der Punkte, an denen wir eine Entlehnung annehmen mussten, gilt, ist natürlich bei den andern noch
mehr giltig; sie sind alle nicht mehr als Reminiscenzen.

Wir können unser Urteil über Y I in folgender Weise zusammen-
fassen: Y I ist im Ganzen eine weit genauere Uebersetzung des An. Nev.,
als LY. Der Bearbeiter hält sich so genau als möglich an seine Vorlage, und nur selten fliessen Reminiscenzen an einen fremden Text,
wahrscheinlich Marie, ein; einmal liegt auch eine Einwirkung der Gruppe,
deren wichtigstes Glied Odo ist, vor. Bewusste Aenderungen sind äusserst
selten, ebenso Missverständnisse. — Mit LY hat er den Hang gemeinsam, direkte Reden einzuführen; doch wird hie und da auch eine direkte
Rede indirekt wiedergegeben. — LY unterscheidet sich zu seinem Nach-
teile von Y I durch eine grössere Weitschweifigkeit und durch ein weit
weniger klares Verständnis, sowie auch durch einen weit geringeren
Grad von Aufmerksamkeit. — Nebenbei sei noch bemerkt, dass die
Erweiterungen im Ms. 1594 meist eine Verschlechterung bedeuten.

II. Teil.

Die mit Y I verbundene Bearbeitung des Avianus.

Die nachfolgende Betrachtung des sog. Avionnet ist eigentlich zu
unbedeutend, um einen besonderen Teil meiner Abhandlung einzu-
nehmen; nur die Unmöglichkeit, sie dem ersten Teil, der Besprechung

der Uebersetzungen des An. Nev., unterzuordnen, hat mich veranlasst,
eine ganz getrennte Abteilung daraus zu machen. — Wünschenswert
wäre ferner auch gewesen, unmittelbar nach dem An. Nev.
die Be-
arbeitung besprechen zu können, welche der Novus Aesopus Neckam's
gefunden hat; aber der Umstand, dass der Avionnet mit Y l eng verbunden ist, und besonders, dass wir bei Besprechung der handschriftlichen Verhältnisse des letzteren öfter den Avianus mitbehandeln mussten,
zwang uns, diese Verbindung auch hier bestehen zu lassen, und gleich
nach Y I den Avionnet zu besprechen.

Zu einem einigermassen abschliessenden Resultate zu gelangen, ist
hier indessen noch weniger möglich, als bei den anderen Texten, welche
den Gegenstand unserer Untersuchung bilden, da uns jede Kenntnis
der latein. Vorlage abgeht; aber die Vollständigkeit erheischt, dass
wenigstens Alles, was bis jetzt gefunden werden konnte, hier eingeführt
werde.

Oesterley sagt auf S. IX des citierten Werkes, die Fabeln Avian's
seien ziemlich unverändert, aber auch ziemlich einflusslos geblieben,
und wir können ihm hierin beipflichten: Eben durch die geringe Ver-
quickung mit anderen Fabelsammlungen ist es zu erklären, dass diese
Fabeln im Laufe der Zeiten nur so wenigen Veränderungen unterworfen
wurden, während andere oft fast bis zur Unkenntlichkeit entstellt wurden.
In der mir vorliegenden Ausgabe Avian's von Froehner kann man vergleichen, dass — Neckam erweitert zum Teil absichtlich — die zwei
wichtigsten dort abgedruckten Versionen, die Aviani Fabulae und die
Apol. Aviani wesentlich genau zusammen gehören, indem die Apol. nur
den lat. Text des Originals in Prosa umsetzen, mit Beibehaltung einiger
Verse am Schluss, ja sich einigemale darauf beschränken, einfach jenen
Text zu reproduzieren. Unterschiede sind vorhanden, aber sie sind,
wie sich später zeigen wird, meist nicht sehr bedeutend. Was das
Wichtigste ist, und darin stimmt auch Neckam mit ihnen überein, die
Ordnung ist die gleiche, und zwar, soviel ich sehe, nur mit sehr gering-
fügiger Abweichung [1]).

Interessant ist nun, dass auch Y - A, der doch nur 18 Fabeln enthält, die aus den 42 des Avian ausgewählt sind, in dieser Auswahl die
Ordnung des Originals genau beibehält, indem nur verschiedene Stücke
ausgelassen, aber keine umgestellt werden. Daraus ist wohl der Schluss
erlaubt, dass die lat. Vorlage des Y - A auch textlich wenig oder gar
nicht von den uns bekannten abweicht. — Ich habe gesagt, der Y - A

---

1) Es sei hier bemerkt, dass der Novus Avianus Poetae Astensis (Du Méril,
a. a. O. S. 271) die Ordnung verändert.

enthalte nur 18 Fabeln und ich muss nun hier daran erinnern, was früher schon gezeigt wurde, dass Y-A in Ms. 1594 derselben Prozedur unterworfen worden ist, wie Y I: Prolog und Epilog sind stark erweitert, die einzelnen Fabeln erhalten Zuthaten, und eine Fabel ist neu zu-gefügt (als Nr. 19). — Was die Zuthaten zu den einzelnen Fabeln be-trifft, so wurde ihr Dasein schon früher bewiesen; wie stark sie aber sind, liess sich nicht mit gleicher Sicherheit, wie bei Y I, feststellen, besonders da Hervieux sich in keiner Weise darüber äussert. — Die Av. Fabulae bieten meist keine Moral, und wo sie vorliegt, ist sie ge-wöhnlich nach Ansicht der Gelehrten als sekundär zu entfernen. In-dessen beweist eben der Umstand, dass eine Moral zugegeben wurde, dass man in späterer Zeit diesen gewohnten Bestandteil der Fabeln nicht entbehren wollte, wie ja auch die Apol. Av. gewöhnlich eine Moral aufweisen. Diese dürfte auch, soviel ich bis jetzt übersehen kann, im Y-A meist ihre Entsprechung haben. Sicher steht dies in einer ziem-lichen Anzahl von Fällen, so in Fab. I (R. I 283), wo die in Ms. 1594 fehlenden, aus Hs. 356 (?) angeführten Verse: Cest compte reprend ceulx et blasme Qui foy cuident trouver en femme", genau der Moral von Ap.-Av. I entsprechen: „Haec sibi dicta putet seque hac sciat arte jo-cari, Femineam quisquis credidit esse fidem" (Froehner p. 67) und zwar halte ich schon deshalb die Verse für echt, weil es ganz der Art des ursprünglichen Uebersetzers entspricht, die zwei Verse der Moral eben-falls durch nur zwei wiederzugeben. — Hieher gehören ferner die Fabeln: 2, 3, 4, 6, 7, 8, 11, 13, 15, 16.

Die Fabeln 10, 17, 18 können nicht hieher gezählt werden, da die ursprüngliche Moral in ihnen einen wesentlichen Bestandteil der Fabel bildet, und einer der handelnden Personen in den Mund gelegt ist. Wegen der vier restierenden Fabeln: 5, 9, 12, 14, wage ich es kaum, etwas Bestimmtes zu behaupten. In dreien (5, 9, 12) ist die mir be-kannte lat. Moral in den franz. Versen überhaupt nicht wieder zu er-kennen, so dass es nahe läge, sie als ganz frei erfunden anzusehen, und den Zuthaten gleich zu stellen.

In Fabel 14 dagegen sind die Worte des Diebes, die sonst die Fabel schliessen, weggelassen, und dafür ist eine ziemlich lange Moral vorhanden, über deren Verhältnis zum Latein ich nichts zu sagen im Stande bin. — Soviel steht indessen nach dem Gesagten fest: Die lat. Vorlage von Y-A stimmt in Bezug auf die Moral nicht vollkommen mit Apol. Av. überein. — Was nun die Zuthaten selbst anbetrifft, wegen deren ich auf die früher mitgeteilte Liste verweise, so scheint es, dass sie im Y-A nicht mit derselben Konsequenz, demselben Eifer zugegeben sind, wie bei Y I. Häufig sind sie sehr kurz, und, was besonders auffällig ist, bei Y I war nur eine einzige Fabel zu finden, welche diese Zuthaten nicht aufwies, hier dagegen sind unter den 18 Fabeln nicht weniger als drei gänzlich ohne Berücksichtigung von Seiten des Ueberarbeiters geblieben. Es scheint, dass auch er wenig Gefallen an den avianischen Fabeln gefunden hat, was zu dem früher Gesagten stimmt. Inwiefern die Thatsache, dass überhaupt Erweiterungen nachweisbar sind, für uns von Bedeutung ist, wurde früher schon ausgeführt; jetzt ist nur noch das Folgende hinzuzufügen: Nicht der Avionnet, sondern nur die Zuthaten zu demselben stammen von dem Erweiterer von Y I; resp. der Erweiterer von Y I und der, welcher Y-A überarbeitet hat, sind ein und dieselbe Person. Dafür spricht zum Beispiele die Erwähnung des Courtois d'Arras, die zweimal vorkommt, und zwar beidemale in Erweiterungen von Fabeln (Y I F. XLIII [R. I 17] und Y-A XIV [R. II 511]). Die sprachliche Untersuchung dürfte voraussichtlich noch weitere Anhaltspunkte dafür liefern.

Der Yzopet-Avionnet gehört also unbedingt sicher der Sammlung von Anfang an; er ist auch seinerseits verlängert worden und zwar von demselben Ueberarbeiter, der Y I entstellt hat.

Wegen der Behandlung, welche den Fabeln selbst zu teil geworden ist, sei es mir erlaubt, hier einige Bemerkungen zuzufügen, deren Ziel es ist, festzustellen, nach welchem lat. Text der Verfasser des Yzopet-Avionnet arbeitet.

I. De Nutrice et Infante.

Dem Französischen muss eine nicht den Apol. Av., sondern den Fab. Av. entsprechende Version zu Grunde liegen, da das *Noctivagus tunc forte circa tecta* perambulans der Apol. Av. nicht übersetzt ist. Denn der Uebersetzer pflegt im Ganzen sehr genau zu arbeiten, und es ist von keinem Belang, was wir im Prolog des Y-A lesen (V. 15): „Ne pren pas toute l'istoire," da ja dieser Vers selbst dem Ueberarbeiter angehört. — Allerdings ist der Zug ziemlich unwichtig; auch Neckam, Nov. Av. I, und Babrius XVI haben ihn nicht.

II. De Cancro et Filio.

Schliesst sich genauer an die Apol. Av. an; denn wenn man die Verse: Adonc se met la mere en voie; Mais en lui a plus a reprendre Qu'en celle qu'elle veult aprendre (R. II 343) betrachtet, so sieht man sofort, dass sie dem Sinne nach zu Apol. Av. III stimmen: Sed cum a filio requisitus exemplum et formam recte gradiendi temptaret ostendere nec valeret, factus est filio in derisum; während Av. Fab. III nur die Aufforderung, aber nicht die Erfüllung derselben zeigt: „faciam, si

me praecesseris, rectaque monstrantem certior ipse sequar," wie ja auch
Babrius 109 damit schliesst: „μῆτερ ἡ διδάσκαλος, πρώτη ὀρϑὴν ἄπελϑε,
καὶ βλέπων σε ποιήσω." — Darf man aus der vorgenannten Uebereinstimmung einen Schluss ziehen?

III. De Vento et Sole.

Av. Fab. und Apol. Av. zeigen keinen wesentlichen Unterschied —
Ebenso wenig der Yzopet-Avionnet.

IV. De duobus Viatoribus.

Y-A stellt sich hier in zwei wesentlichen Punkten zu den Av. Fab.
und unterscheidet sich von den Apol. Av.: Er hat nämlich mit der erst-
genannten Version gemeinsam, dass ein Bär auftritt, während die Apol.
Av. einen Löwen erscheinen lassen. Ferner lassen die Av. Fab. den
einen Wanderer sich blos tot stellen, die Apol. Av. geben an, dass er
wirklich vor Furcht halb tot gewesen sei, und Y-A stimmt wieder zu
den Av. Fab. — Man vergl. Av. Fab. IX: „Ille trahens nullo iacuit
uestigia gressu, Exanimem fingens, sponte relisus humi" mit Apol. Av. IX.:
„alter uero fugere non ualens pauore deriguit et syncoptizans in terram
cecidit semiuiuus," und dazu Y-A (R. I 358): „En un tas de feuilles
se muce: Des pies ne des mains ne se meut, Ains fait semblant au
mieulx qu'il peut, Qu'il soit mort." Der „tas de feuilles" ist allerdings
frei hinzugefügt.

V. De Calvo Equite.

Av. Fab. X.: „Ad Campum nitidis uenit conspectus in armis Et
facilem frenis flectere coepit equom. Hujus ab aduorso Boreae spiramina
perflant" etc.; dagegen Apol. Av. X: „Miles caluus capillos fronti suo
coaptauerat alienos: quibus uehementis Boreae flatu subreptis," etc.,
also ohne Erwähnung des Turniers. Dazu Y-A (R. II 505): „Un chevalier . . . . Au tournoiement porta Cheveux mors que il enprunta;
Mais un chevalier l'embrasa Et le heaume li deslaisa," etc. — Y-A hat
also mit Av. Fab. gemeinsam das Turnier, arbeitet dasselbe aber weiter
aus, indem die falschen Haare nicht vom Winde mitgenommen werden,
sondern dem Kahlkopf der Helm vom Haupte gestossen wird, so dass
die Perrücke mitgeht.

VI. De invento Thesauro.

Die Apol. Av. zeigen im Verhältnis zu den Aviani Fab. eine Weiterentwicklung: Die Drohung wird schon stärker ausgeführt: *uacua sint
tibi uota tua.* — Y-A geht noch weiter, und lässt die Drohung zur

5 *

That werden (R. II 102): Se li retolit sans respit, Quanqu'elle li avoit
presté: Si devint povre endebté. Adonc la fortune li dit" etc. Man
sieht, hier redet Fortuna erst nach der Bestrafung, was frei hinzugefügt
ist. Es ist fraglich, ob die lat. Vorlage hier genau so weit ging, und
auf jeden Fall kann man aus dem Vorhandenen nicht schliessen, zu
welcher Version sie sich stellt.

VII. De Simia et Natis.

Y - A stellt sich in dem einzigen Punkte, der Av. Fab. u. Apol. Av.
unterscheidet, zu den ersteren: er hat nämlich die Rede der Aeffin,
welche in den Apol. Av. ausgelassen ist, in Av. Fab. dagegen, ebenso
wie bei Babrius, steht: Babrius 56: Γέλως δ'ἐπ' αὐτῷ τοῖς θεοῖς ἐκινήθη·
ἡ δ' εἶπεν οὕτω: Ζεὺς μὲν οἶδε τὴν νίκην, ἐμοὶ δὲ πάντων οὗτός ἐστι καλλίων;
dazu Av. Fab. XIV: Jupiter hoc norit, maneat uictoria sei quem: iudicio
superest omnibus iste meo, und Y-A: (R. I 353) Je vous apporte, par
ma teste, Le plus beau joyau de la feste, S'a dist le singe a son ort
cu: Or vueil que je soye pendu S'il a si biaus fils au monde. — Der
Charakter der Rede ist allerdings nicht mehr derselbe; und die bekannte Gewohnheit, Indirektes direkt zu geben, macht einen Schluss
unsicher, so dass das Beispiel wenig Beweiskraft hat.

VIII. De Grue et Pauone.

Die Fabel ist in den Av. Fab., Apol. Av. und auch bei Babrius
wesentlich die gleiche, und Y - A schliesst sich ebenfalls an. Nur ist
hier der letzte Ausfall auf den Gesang des Pfauen frei erfunden.

IX. De Quercu et Harundine.

Y-A stimmt zu der bei den Av. Fab., Apol. Av. und Babrius wesentlich gleichen Fabel, und fügt nur die folgenden Verse, allerdings ohne
Antwort, frei zu (R. I 91): Mais de ce s'amerveille en force Par quel
guille, ne par quel force, Il est illecques detenus Entre les roselés
menus, Qui n'ont ne vertu ne puissance, Et de ce a soy meismes tance:
freie Ausführung! Ob wohl auch die lat. Vorlage dies bietet?

X. De Juuencis et Leone.

Y-A gibt mit den Apol. Av. gemeinsam die bei den Av. Fab. nur
mit den Worten: Protenus adgreditur prauis insistere uerbis, etc., an-
gedeutete Ansprache des Löwen (vergl. auch Babrius 44: λόγοις δ' ὑπού-
λοις διαβολαῖς τε συγκρούων ἐχθροὺς ἐποίει, etc.) direkt wieder, was jedoch zu keinem Schluss berechtigt, da der franz. Uebersetzer, wie schon
oft bemerkt, die direkte Rede liebt.

XI. De Abiete et Dumis.

Die Fabel bietet bei den Av. Fab., Apol. Av., im Novus Avianus Astensis Poetae (Du Méril, Poésis inédites, S. 275; abgesehen davon, dass sie hier umgestellt ist) und im Y-A nichts Besonderes.

XII. De Piscatore et Pisce.

Babrius 6 wesentlich gleich mit der Fabel in den Av. Fab., Apol. Av., Y-A.

XIII. De Cupido et Inuido.

Die Verfasser der Apol. Av. und Y-A scheinen, wohl unabhängig von einander, das Bedürfnis gefühlt zu haben, die Art und Weise, wie Apollo zu den beiden Menschen kommt, zu erklären: Die Apol. Av. machen sie zu Reisegefährten des Gottes (Apollo cupidum et inuidum comites itineris sui habens . . . .) und Y-A (R. II 509) lässt sie an den Hof, den er hält, kommen: A la cour deux menestriers Avoit et joians et parliers. Diese Lesart könnte, da sie sich von beiden gleichmässig unterscheidet, ebensowohl auf die Av. Fab., als auf die Apol. Av. zurückgehen, oder besser, daraus entwickelt sein. Ich glaube indessen, als sicher annehmen zu dürfen, dass die Av. Fab. zu Grunde liegen, da der Eingang der Fabel zu ihnen stimmt: Av. Fab. XXII: Jupiter ambiguas hominum praediscere mentes Ad terras Phoebum misit ab arce poli. Dazu (die Apol. Av. haben dies gar nicht) Y-A: Jupiter a terre envoya Son fils et si li octroia Qu'au peuple revelas leur comptes.

XIV. De Puero et Fure.

Die lat. Versionen sind völlig identisch; Y-A lässt die Rede des betrogenen Diebes weg.

XV. De Cornice et Urna.

Die Fabel, welche in den Av. Fab. und Apol. Av. nichts wesentlich Verschiedenes aufweist, ist in den Y-A durch ein Missverständnis verdorben worden: Es scheint, dass der Uebersetzer das *urna* seiner Vorlage nicht verstand, da er es durch *rucel* übersetzt, und noch dazu *en un champ* sein lässt, ohne daran zu denken, dass dann wohl das Einwerfen von Steinchen nichts helfen würde. Dann übersetzt er gedankenlos, aber genau, weiter, und gibt das *enisa diu planis ecfundere campis* richtig wieder durch *N'a terre ne la peut verser*, wodurch die ganze Fabel völlig sinnlos wird: derartige Gedankenlosigkeit ist indessen bei unserem Uebersetzer selten.

XVI. De Simiae Gemellis.

Die beiden lat. Versionen geben den Grund, weshalb die Aeffin das vorgezogene Junge fahren lassen muss, verschieden, wenn auch dem Sinne nach gleich, an: Av. Fab. XXXV: Sed cum lassatis nequeat consistere plantis, etc., und Apol. Av.: sed pedibus posterioribus diu currere non ualens cogitur dilectum derelinquere, etc. Dazu Y-A (R. II 514): Ne puet courre, n'aler le tros: Celui laisse qu'en son bras tient, etc. Dies scheint eher auf die Lesart der Fab. Av., als auf die der Ap. Av. zurückzugehen, da die letztere zu bestimmt lautet, und im Französischen jedenfalls auch präziser wiedergegeben wäre. — Die Fabel bei Babrius (35), welche der unsrigen zu Grunde liegt, gibt blos die Sitte oder Unsitte der Affen an, aber ohne die darauffolgende Geschichte von der Flucht, u. s. w.

XVII. De Vitulo et Boue.

Babrius 37 wesentlich gleich Av. Fab., Apol. Av., Y-A.

XVIII. De Pardo et Vulpe.

Im Französischen liegt ein eigentümliches Missverständnis vor: das *pardus* der beiden lat. Versionen wird durch *ourse* wiedergegeben, dann aber in einer Weise, die lebhaft an die oft erwähnte Uebersetzung des *hydrus* bei LY erinnert, fortgefahren: Autre dient que c'est une beste Qui, de sa pel et de sa teste, Resemble la belle pentere A qui autre ne s'acompere (R. II 202). Sonst schliesst sich übrigens Y-A genau an die lat. Fassung an.

Das Resultat dieser kleinen Untersuchung ist das folgende: Der Y-A (und seine Vorlage) gehören ganz entschieden zu der textlichen Tradition der Av. Fab. und trennen sich von den Apol. Av. (dass die Hs. der Apol. Av. nach der Ueberschrift des Faksimiles bei Robert (Band I nach S. XCIV) ungefähr mit der von Y I gleichzeitig ist, spricht weder für noch gegen unsere Annahme, da es sich hier blos um eine Verwandtschaft in der textlichen Tradition dreht.) Wir haben nämlich sechs Fälle (worunter nur ein unsicherer, in der Fabel XVI), wo er sich zu dem ersteren, gegen zwei, wo er sich zu den letzteren stellt. Diese beiden Fälle (in Fabel X und II) sind jedoch von so geringer Bedeutung, dass wir gewiss annehmen dürfen, das Zusammentreffen von Y-A mit den Apol. Av. sei rein zufällig; denn in der That konnte jeder Uebersetzer oder Abschreiber auf den Gedanken kommen, diese Erweiterungen vorzunehmen.

Die Vorlage muss also einen den Av. Fab. sehr nahe stehenden
Text zeigen, allerdings, wie schon früher gesagt, mit Anfügung der
Moralitäten, die ja in den meisten Handschriften schon mit denselben verbunden sind, wenn sie auch ursprünglich nicht dazu gehört haben mögen.
Eine fremde Einwirkung konnte nicht konstatiert werden, zumal
da sich ja nur äusserst selten eine unsrer Fabeln in fremden Sammlungen findet.

Es scheint, als wenn der Uebersetzer von Y I in Bezug auf Y-A
weniger aufmerksam gewesen wäre, als sonst.

III. Teil.
Alexander Neckam's Novus Aesopus und Yzopet II.

Das Werk Alexander Neckam's, der Novus Aesopus, bietet, trotz
eifrigen Forschens, nach wie vor eine Summe von Räthseln. Doch
glaube ich, über einige noch nicht aufgeklärte Punkte ein, wenn auch
nur schwaches, Licht verbreitet zu haben, und, ich muss es gestehen,
der Gegenstand dieses letzten Teiles meiner Untersuchung ist weit mehr
der Novus Aesopus selbst, als seine Uebersetzung. Wenn man über-
legt, dass ohne eine Klarstellung der Fragen, die den Novus Aesopus
selbst betreffen, eine Untersuchung der Uebersetzung unmöglich wäre,
so wird man mir diese Abweichung von meinem Thema verzeihen. Es
ergeben sich hier eine Reihe interessanter Fragen, die zum Teil im
Folgenden ihre Beantwortung finden werden: so z. B. über das Verhältnis des Novus Aesopus zum Romulus, und über die Ursache der
eigentümlichen Veränderung in der Anordnung, die wir in dem ersteren
wahrnehmen, u. s. w. — Die letztgenannte Frage bietet um so mehr
Interesse, als Neckam allem Anschein nach in seiner Bearbeitung der
Fabeln Avian's dessen Ordnung unverändert gelassen hat.

Der Umstand, dass er den Avian umgedichtet hat, erklärt uns indessen, was Neckam veranlasst haben mag, seinem Novus Aesopus
gerade die Ausdehnung von 42 Stücken zu geben: wie man weiss, sind
die Fabeln des Avian gerade 42, und es ist wohl nicht zu kühn, wenn
ich schliesse, dass die beiden Sammlungen ursprünglich bestimmt waren,
Gegenstücke zu sein.

Ob Neckam direkt aus Romulus schöpfte, ist schwer zu sagen, doch
werden wir später darauf zurückkommen; wobei auch die Mutmassung,
welche Hervieux I S. 708 ausspricht, behandelt werden wird.

Ueber eine andere Annahme Hervieux' sei es mir hier erlaubt ein Wort zu sagen: Er behauptet nämlich, (I S. 707) dass Alex. Neckam sich zum Teil an den An. Nev. angelehnt habe, und führt als Beweis die Fabel De Lupo et Agno an, welche mehrere wörtlich entsprechende Verse aufweist. Im zweiten Bande S. 793 gibt er allerdings an: Quatuor hi priores versus (es sind eben die Besprochenen), qui alioquin in Berol. cod. ms. desunt, e Gualteri fabulis erepti fuerunt, ut verisimile est, non ab Al. Nequam, sed a scriba recentiore; überlässt aber dem Leser, ob er die Anlehnung an An. Nev. damit überhaupt als widerrufen ansehen will, oder nicht. Erst in dem in der Akademie verlesenen Résumé nimmt er seine Behauptung ausdrücklich zurück, wie G. Paris bezeugt. Der letztere sagt nämlich im Journal des Savants 1885, S. 49 Anm.: Dans un résumé de ses recherches lu à l'Académie et imprimé à part, M. H. a expressément reconnu qu'il s'était trompé en prétendant que Neckam avait connu Walther. — Bevor mir diese Zeilen bekannt waren, hatte ich die Frage einer genauen Prüfung unterworfen, und war zu dem Resultate gelangt, dass jeder direkte Zusammenhang zwischen Neckam und dem An. Nev. ganz entschieden abzuweisen ist, da nicht eine einzige wörtliche Uebereinstimmung, abgesehen von dem eben erwähnten, sekundären Plagiat, aufzutreiben ist.

Ob Neckam's Aesopus mit irgend einer andern der mir bekannten Fabelsammlungen in Zusammenhang steht oder nicht, wird die folgende Untersuchung ergeben.

Wie der An. Nev. hat auch Neckam's Novus Aesopus zwei franz. Bearbeitungen gefunden, von denen mir indessen bis jetzt nur die eine zugänglich geworden ist, in der bekannten Ausgabe Robert's. — Die andere ist nach der gemeinsamen Aussage von Du Méril und Hervieux aus einem Manuscript, das sich in Chartres befindet, von Duplessis im Jahre 1834 daselbst herausgegeben worden, unter dem Titel: Fables en vers du XIIIᵉ siècle. Da die Münchener Hof- und Staats-Bibliothek diese Ausgabe nicht besitzt, so konnte ich diese Uebersetzung nicht studieren, und muss mir diese Aufgabe auf ein anderesmal versparen. — Nach Hervieux I S. 714 enthält diese Handschrift mehrere Fabeln nicht, nämlich die Nummern 3, 10, 11, 12, dagegen ist die Fabel 38 vorhanden, und dazu zwei Avian'sche Fabeln, die ursprünglich nichts mit der Sammlung zu thun haben. Es ist interessant, dass von den Fabeln Neckam's, welche nicht aus Rom. entnommen sind (das sind bekanntlich die Nummern 3, 7, 11, 14, 38), nicht weniger als drei (3, 11 u. 38) in den Uebersetzungen fehlen, und zwar Nr. 11 in beiden gemeinsam. Es läge sehr nahe, anzunehmen, dass diese drei Fabeln überhaupt nicht ursprünglich dem Nov. Aes. angehörten, wenn nicht das Fehlen von Nr. 11 in beiden Handschriften dadurch an Beweiskraft verlöre, dass in der von Duplessis veröffentlichten Uebersetzung auch die Fabel 10 und 12 fehlen, dass also augenscheinlich eine Lücke vorliegt. Auch die Sprache- und Vers-Behandlung in diesen Fabeln berechtigt durch nichts zu dem Schlusse, dass sie unächt seien.

Ob die gemeinsame Auslassung von Fabel XI eine textliche Verwandtschaft zwischen beiden Uebersetzungen bedeutet, kann ich mit dem äusserst geringen, mir bis jetzt zu Gebote stehenden Material noch nicht entscheiden; doch ist es wohl möglich, um nicht zu sagen, wahrscheinlich, dass diese Uebereinstimmung nicht mehr beweist, als die oft besprochene zwischen LY und Y I (Ms. 1594).

Was die übrigen nicht aus Rom. entnommenen Fabeln betrifft, so sei noch bemerkt, dass nicht nur Fabel III, sondern auch Fabel XIV ihre Entsprechung bei dem An. Nil. hat, was Hervieux übersehen zu haben scheint.

Die beiden Handschriften von Yzopet II, der Uebersetzung des Novus Aesopus, von denen Robert und Hervieux berichten, bieten hier keinen Anlass zu Bemerkungen, da uns zu wenig darüber bekannt ist.

Es versteht sich von selbst, dass bei der Besprechung der einzelnen Fabeln des Novus Aesopus das früher Gesagte höchstens noch einmal ganz kurz wiederholt werden wird, mit Verweisung auf die betreffenden Fabeln des I. Teiles, und dass Neckam's eignes Verhältnis zu seinen Vorgängern (und Nachfolgern) eine starke Betonung finden muss.

I. De Lupo et Grue.

Die Fabel ist bei Babrius (94), Halm Fab. Aes. 276, und Phädrus I 8 ganz die gleiche, nur dass in der Fabel bei Halm der Wolf die Zähne fletscht (τοὺς ὀδόντας θήξας). Die späteren Lateiner haben, abgesehen von dem letzten Zug, wesentlich die gleiche Fabel, mit dem einzigen Unterschied, dass bei einigen, z. B. dem An. Nil., der Wolf dem Kranich noch speziell eine Versicherung gibt oder einen Eid schwört (jurejurando), bei anderen nicht, und dass bei dem prosaischen An. Nev. sogar jedes Versprechen von seiten desselben unterbleibt. — Der An. Nev. gibt die Fabel, die er wesentlich unverändert lässt, nach seiner affektierten Manier unnatürlich kurz, und seine Uebersetzer sehen sich natürlich gezwungen, den Hergang etwas ausführlicher zu erzählen. Y I scheint sich indessen in keinem wesentlichen Punkte von seiner Vorlage und der Tradition zu entfernen. — LY zeigt hier, wie schon besprochen wurde, eine Anlehnung an Marie. — Al. Neckam steht in unserer Fabel dem Text des Rom. freier als gewöhnlich gegenüber, ohne sich indessen dem Phädrus mehr zu nähern. Frei erfunden ist z. B. Omnes respondent Gruis ossea labra valere Os, quod inhaerebat faucibus, abstrahere; ferner auch . . . (Grus praemia poscit;) Fallit eam verbis callidus ambiguis. — Auffälligerweise stimmt das Erstere zu Marie (Roquef. VII): Chascuns en dist son avis; Fors la grue, se dient bien, Ni a nulz d'iaus ki saiche rien. Le col a lunc è le bec groz Si en purreit bien tirer l'oz, eine Uebereinstimmung, auf die wir später noch werden zurückkommen müssen. — Es ist unklar, ob man aus dem *omnes respondent* Neckam's herauslesen darf, dass er sich auch, wie Marie, die Tiere versammelt denkt. — Y II, der übrigens das *verbis ambiguis* nicht übersetzt, zeigt die Versammlung der Tiere, welche sich, wie schon bei LY erwähnt, bei Marie (und vielleicht auch bei Neckam selbst angedeutet) findet; aber der Vorschlag, den Kranich beizuziehen, geht hier nicht von den Tieren im allgemeinen aus, sondern vom Fuchse: Par foy, dit renart, il me semble Que la grue bien le gueriroit, Se entremettre s'en voloit (R. I 196), was auffällig zu LBG (IX) stimmt, wo die Versammlung der Tiere ja auch zu finden ist. Dort heisst es nämlich: Et quaedam discreta Vulpecula . . . . Lupo respondit: Inter nos nec bestiam scimus, nec avem . . . praeter solam Gruem. — Vielleicht gelingt es uns, auch hiezu noch weitere Beispiele zu finden, und jedenfalls werden wir später noch davon zu sprechen haben.

II. De Quadrupedibus et Auibus.

S. An. Nev. XLIV. — Neckam geht mit dem An. Nil., Marie und LBG. — Y II ziemlich genau.

III. De Culice et Tauro.

Die Fabel ist, wie Hervieux richtig angibt, ausser bei Neckam nur noch bei dem An. Nil. (36) zu finden, gehört aber vielleicht zu der Fabel des Babrius, Nr. 112, wo Stier und Maus mit einander streiten, allerdings nicht vor Zuschauern, was den Charakter der Fabel bedeutend verändert. — Neckam's Fabel zeigt keinen wesentlichen Unterschied von der des An. Nil., der sie jedenfalls entstammt. Y 11, der den Inhalt genau wiedergibt, hält sich sehr wenig an den Text: er führt besonders die direkten Reden ein, was dem Ganzen grössere Lebhaftigkeit verleiht; ferner lässt er die Fliege sagen: *Tu te dois combattre au cheval,* was nichts Entsprechendes in der Vorlage hat, und fügt den Anfang der Moral frei ein: *Autressi du fort damoisel, Quant il se prent a un hardel: Honneur n'en puet avoir, mais honte.*

IV. De Ouibus et Lupis

Die Fabel des Babrius 93 ist nur dem Sinne, nicht der Handlung
nach eine Vorläuferin der unsrigen. — Die zwei Versionen dagegen,
welche Halm in seinem Aesop als Nr. 268 abdruckt, entsprechen der
mittelalterlichen Fabel schon genauer, enthalten aber den wichtigen
Umstand noch nicht, dass die jungen Wölfe ausgeliefert werden, was
auch beim An. Nil. 43 (und Cod. Weiss. IV 9) noch nicht geschieht:
Lupi legatos mittunt; fictam quaerunt pacem, ut dederent se ipsis
custodibus suis. — Die eigentliche Grundlage der Gestaltung der Fabel
im Mittelalter ist also Rom. III 13, wo es heisst: . . . pacem petentes
jurando, si Canes obsides darent, et Oves catulos eorum ab eis accipe-
rent. . . Ovibus in pace positis, lupini catuli ululare coeperunt. Ferner
lässt Rom. ausser den Hunden auch noch Widder als Beschützer der
Schafe auftreten.

Der An. Nev. folgt in allen wesentlichen Punkten dem Rom., gibt
aber für das Heulen der jungen Wölfe einen Grund an, (V. 9): *Dum
natura iubet natos ululare lupinos*, was von dem italienischen Uebersetzer weiter ausgearbeitet wird, indem derselbe, nicht zufrieden damit,
dass die jungen Wölfe einfach einem Naturtrieb folgen, einen anderen
Grund angibt (Riccardiano): „E ordinarono li Lupi: Quando noi aremo
li Cani con noi, voi Lupicini urlerete: allora noi diremo que le Pecore
abbiano rotta la pacie;“ das Heulen geschieht also auf Verabredung,
eine sehr naheliegende Aenderung. — LY weicht hier von seiner Vorlage ab, wie er ja die ganze Fabel sehr frei und ausführlich behandelt,
und lässt das Heulen und den darauffolgenden Vorwurf des Friedens-
bruches weg. Bei ihm scheinen die als Geiseln gegebenen Wölfe (er
sagt nicht, dass es j u n g e gewesen seien) selbst die Schafe anzugreifen:
(V. 2775 f.) Les berbiz donent en ostaiges Chiens et moutons et pirent
gaiges Des louez que cil lour baillarent, Auuecque lour les en menarent
. . . . Si tost come li fains comande Es lous desirrer lour uiande, En lour
grant pances seuelissent Celes que per nature haïssent. — Die einzige
Uebersetzung des An. Nev., welche genau zur Vorlage stimmt, ist Y I.

Die zwei noch nicht erwähnten Lateiner, Rom. Nil. und LBG,
zeigen hier eine Abweichung, die mir sonst nirgends begegnet ist, und
die die zweite Sammlung jedenfalls der ersten entlehnt hat: die Wölfe
ermorden gleich nach der Auslieferung die ihnen als Geiseln gegebenen
Hunde, und greifen erst dann die Schafe an. Im Uebrigen stimmt aber
Rom. Nil. zum Rom. Div.

Eine eigentümliche Stellung nimmt Neckam ein; man lese: Grex
Ovium, pugnando, Lupos superasse refertur, Agmine custodum super-

veniente Canum; also ohne Erwähnung der Widder. Ferner: Perpe-
tuam pacem promittunt, si datur illis Obses turba Canum. Conditio
placuit; also kein Wort davon, dass auch die Wölfe Geiseln gestellt
hätten, womit das Heulen als Veranlassung zum Angriff von selbst
wegbleibt. Man sieht, dass Neckam hier eine ältere Form der Fabel
bietet, als Rom., und dass er entweder auf die griechische Fabel, oder,
was weit wahrscheinlicher ist, auf den An. Nil. zurückgreift, der ihm
ja auch sonst noch manchmal zum Ausgangspunkt gedient zu haben
scheint. — Y II stellt sich in allen wesentlichen Punkten zu seiner Vorlage; nur werden die Hunde nicht als Geiseln gegeben, sondern von
den Schafen verraten. (R. I 204) Aufforderung der Wölfe: Les chiens
leur feront avoir Que faire en puissent leur voloir: Car vers euls ont
grant felonie; und später: Les chiens leur ont abandonnés. Puis les
monstrent là où il sont, Qui se dormoient tous en un mont: Erraument
furent devourés. Es ist dies jedenfalls eine Weiterentwicklung aus der
schon erwähnten Eigenheit von Rom. Nil. und LBG. In letzterer Sammlung heisst es (XXXI): Lupi, ad sua reversi, statim pacis foedera
ruperunt. et super compeditos et ligatos obsides irruentes, etc. — Joh.
de Schep., für uns ohne Bedeutung, steht ziemlich abseits.

V. De Cane et Asino.

Die Fabel, welche bei Phädrus nichts Entsprechendes hat, geht
zurück auf Babrius 131 (Schneidewin; bei Lewis ist es Nr. 125 des
ersten Bandes), (s. auch Halm, Fab. Aes. 331), wo sie schon in allen
Hauptzügen vorhanden ist. — Der An. Nil. 17, Cod. Weiss. II 10, und
Rom. I 16 bieten nichts Besonderes, als dass der Esel mit sich selbst
redend eingeführt wird, und den Hund *immundissimum* nennt. Dem
entsprechen nun die meisten anderen Sammlungen: Rom. Nil., An. Nev.
(*Me catulo prefert uite nitor;* V. 7), LBG, An. Nev. Prosa, Odo de
Cer.; Joh. de Schep., etc. Die Uebersetzungen des An. Nev. stimmen
ziemlich genau zu diesem, besonders LY. — Y I zeigt das Eigentümliche, dass der Esel auf den Tisch des Herrn springt, und nähert sich
so wieder unwillkürlich der Darstellung des Babrius .... ϑέλων περι-
σκαίρειν, τὴν μὲν τράπεζαν ἔϑλασ᾽ ἐς μέσον βάλλων, ἅπαντα δ᾽ἐυϑὺς ἠλοίησε
τὰ σκεύη.
Marie und Neckam weichen ebenfalls ab: Jene hat den in keiner
älteren Sammlung vorliegenden Umstand, dass der Herr niedergeworfen
wird:˙ (Roquef. XVI) Des piez le fiert, suz lui sailli Si k'a la terre
l'abati. — Neckam weicht in manchen Einzelheiten ab: das Selbst-
gespräch des Esels fehlt und es ist an dessen Stelle nur gesagt: Arte
putans stolidus simili fore gratus; ferner fehlt auch Einiges bei der

Beschreibung, wie er den Herrn begrüsst. Besonders aber fehlt die Erwähnung der Diener: Zwar lässt Robert I 237 den 12. Vers lauten: Servus, utrosque latus, tergaque fuste dotat; aber Du Meril, a. a. O. S. 180, gibt ausdrücklich an: Ejus utrumque latus tergaque fuste dolat, und Hervieux, vol. II, S. 789, hat das Gleiche[1]). — Der Diener ist also nicht erwähnt. — Y II steht hier seiner Vorlage ungemein frei gegenüber: Die Ueberlegung des Esels ist ganz ausführlich gegeben, zwar nicht direkt, wie bei Rom., aber sie findet sich ja auch bei Marie in indirekter Fassung; der Herr wird hier auch zur Erde geworfen, wie bei Marie (Aus dens l'a par l'espaule pris, Et estraint et a terre mis), und dann stürzen nicht blos die Diener, sondern auch Frau und Kinder herbei: Et quant ce virent les amis, Ses sergents, sa femme et ses fils, L'Ane ont batu et tempesté. — Sollte dies etwa auch als eine Anlehnung an Marie anzusehen sein?

VI. De Mure et Rana.

Neckam, der in dieser Fabel viele wörtliche Uebereinstimmung mit Rom. I 3 zeigt, weicht in einem Punkte ab: Die Maus wird wirklich vom Frosche ertränkt, und dieser freut sich darüber: Sese mersit aquis, sicque necavit eum. Insultans misero post haec et laeta coercens etc., was wohl aus dem An. Nil. IV entwickelt ist, wo der Raubvogel auch erst kommt, nachdem die Maus tot ist: Quo mortuo surgens cum fluctuaretur, conspexit praedam Milvus volans, während, soviel ich sehe, alle anderen Darstellungen ihn dem Streit ein Ende machen lassen.

Hierin, wie in der ganzen Darstellung der Fabel, geht Y II mit seiner Vorlage, und weicht nur in dem einen Punkte ab, dass die Maus ihre Verwandten besuchen will. Dieser Zug kommt sonst nicht vor; überhaupt gibt nur noch LY einen Grund für die Wanderung der Maus an (abgesehen von der ganz verschiedenen Darstellung bei Marie und LBG), im V. 134: *Por sa poure cheuance querre.* — Die von Ghivizzani veröffentlichte ital. Uebersetzung (Riccardiano) des An. Nev. bietet eine eigentümliche Auffassung: er übersetzt nämlich das *Hic jacet, ambo jacent* des 14. Verses: E poscia gli lasciò cadere sopra una pietra e morì il Topo e la Ranocchia, indem augenscheinlich das *jacet* allzu wörtlich genommen wurde[2]).

---

1) Hervieux druckt hier nicht etwa Du Mérils Text ab, sondern ist in vieler Beziehung von ihm unabhängig.

2) Aehnlich übersetzt der Ricc. das *Est Lupus, est agnus* der Fabel II durch: Dice ancora il detto savio che, mangiando una volta il Lupo, e ancora uno Agnello mangiava. — *Est = mangiava!*

VII. De Vulture et Aquila.

Die Fabel, für die es auch mir nicht gelungen ist, irgendwo ein
Analogon zu finden, würde Neckam's Eigentum zu sein scheinen, wenn
nicht, wie Du Méril, a. a. O. S. 181, Anm. 4, bemerkt, bestimmter Grund
vorläge, anzunehmen, dass die Fabel älter ist, als Neckam, da er sie
ja selbst nicht ,recht verstanden hat. — Y II gibt seine Vorlage ziemlich genau wieder. Hinzugefügt ist nur der Umstand, dass der Adler
und sein Weibchen erwähnt werden, und dass der Geier sagt: Fuis-je
jadis plus mal mené D'une tempeste de gelée, während es im Latein
doch blos heisst: Longe majorem vidi. — Nicht übersetzt sind die
Verse: Crescentis mirata moras, tristissima nutrix Hunc voluit nido
pellere saepe suo. Obstitit incepto pietas, ignaraque fraudis Naturae
totas imputat illa moras.

VIII. De Leone et Asello.

Die beiden ältesten Versionen der Fabel, Halm, Fab. Aes. 259 und
Phädrus I 11, unterscheiden sich durch zwei wichtige Merkmale, die
indessen später nicht mehr vorzukommen scheinen: Bei jenen sind die
Tiere, wilde Ziegen, in einer Höhle, und der Esel muss sie heraus-
treiben (Γενομένων δὲ αὐτῶν κατά τι σπήλαιον, ἐν ᾧ ἦσαν ἄγριαι αἶγες, ὁ
μὲν λέων πρὸ τοῦ στομίου στὰς ἐξιούσας παρετηρεῖτο, ὁ δὲ εἰσελθὼν ἤλαυνεν
αὐτὰς, καὶ ὠγκᾶτο ἐκφοβεῖν βουλόμενος). Bei Phädrus dagegen bedeckt
der Löwe den Esel mit Strauchwerk und heisst ihn schreien (Contexit
illum frutice et admonuit simul Ut insueta voce terreret feras). —
Rom. Div. nun, und Rom. Nil., LBG (mit der aus der Fabel vom Eber
und Esel entnommenen Anrede), Joh. de Schep., Rom. Mon., (die zwei
dem Odo de Cer. zugeschriebenen Fabeln, Hervieux II, S. 651 und
S. 709, gehören nicht hieher), geben der Fabel eine ganz andere
Wendung, indem der Esel dem Löwen freiwillig zeigen will, was er
kann. — Al. Neckam trennt sich hier von Rom. und es sieht in der
That so aus, als ob er auf Phädrus zurückginge: bei ihm befiehlt
der Löwe dem Esel, zu schreien (Horrendo clamare sono mox jussit
asello), was zu Phädrus, V. 4, stimmt, wo es heisst: admonuit simul
Ut insueta voce terreret feras. Der Umstand, dass der Esel *frutice* bedeckt worden sei, fehlt indessen, und ferner wird ausgesagt:
Exanimi similis stetit omnis turba ferarum, Nec potuit pugnae vel
meruisse (meminisse) fugae, was der Angabe bei Phädrus widerspricht,
wo es heisst: Quae dum paventes exitus notos petunt, etc. Die Anlehnung an Phädrus ist also nur scheinbar und beruht auf Zufall. —
Indessen bleibt bei Neckam, wie man sieht, der Witz der Fabel der

gleiche: Auch ich würde mich gefürchtet haben, wenn ich dich nicht gekannt hätte. — Y II folgt in allen Stücken genau seiner Vorlage.

IX. De Oue et Leone et Vacca et Capella.

Bei Babrius 67 und Halm, Fab. Aesop. 258, hat die Fabel nur das Eigentümliche, dass der Löwe drei Teile macht, obwohl er nur einen Genossen hat; sie stimmen übrigens unter sich überein. Die mittelalterliche Tradition beruht indessen wieder auf Phädrus I 5, und hat mit diesem besonders die handelnden Personen gemeinsam: Vacca, Capella, Ovis. Ebenso haben An. Nil., Cod. Weiss., Rom., An. Nev., Rom. Nil. in der Fabel I 7, Neckam, Joh. de Schep. in Fabel IV, Rom. Mon. etc. — Einen eigenen Weg hat der Rom. Nil. eingeschlagen, und Marie sowohl als LBG folgen ihm: er stellt (aber nicht in allen Hss.) vor die Fabel eine andre, ganz ähnlichen Inhalts, in welcher Bubalus et Lupus die Begleiter des Löwen sind, während die zweite genau der uns vorliegenden entspricht. Marie folgt ihm, lässt aber in der zweiten der beiden Fabeln, die nach der Angabe Mall's (a. a. O. S. 170) nur als eine zu zählen sind, die Kuh aus, worin sich LBG, die hier direkt auf den Rom. Nil. zurückgehen, ihr nicht anschliessen. — Interessant ist die Fabel Odo's de Ceringtonia (Hervieux II S. 642), der sich darin an die Tiersage anlehnt. Joh. de Schep. V schliesst sich an ihn an. Hier kann ich indessen nicht darauf eingehen. — Was nun unsere Uebersetzungen betrifft, so folgen sie alle genau ihren Vorlagen: Ueber LY und Y I ist nichts zu bemerken. Der Riccardiano hat, was mir sonst nirgends begegnet ist, den Zug, dass sich die Tiere vom Löwen trennen: Et quando gli altri animali udirono queste parole, così scornati partirono dal Lione, e non ebbono niente della loro preda. — Y II folgt dem Novus Aesopus im Ganzen genau. Frei erfunden ist nur, dass der Löwe den andern Tieren befiehlt, ihm zu helfen: (R. I 36) Un lions orgueilleus Cruel et envieus Si volt aler chacier. Un cheval esgarda A qui il comanda Qu'il li venist aidier. La vache et la brebis En a aussi requis Qui volentersi y vont . . . . Ich kann nicht umhin, darauf hinzuweisen, dass hier wieder ein Berührungspunkt mit LBG vorzuliegen scheint, welche Sammlung, unabhängig von Marie und Rom. Nil., hier folgende Fassung aufweist: Alio etiam tempore Leo, in venationem iturus, alios habere voluit socios. Assumpsit ergo Vaccam et Capram et Arietem. Dies findet sich sonst nirgends.

X. De Lupo et Agno.

S. An. Nev. II. — Neckam geht, da Phädrus auszuschliessen ist, auf An. Nil. III zurück.

XI. De Stulto et Mulis.

Die Fabel ist, wie schon bemerkt, weder bei Y II, noch in der von
Duplessis veröffentlichten Uebersetzung vorhanden, dürfte aber doch, da
Sprach- und Vers-Behandlung nichts besonderes zeigen, dem Novus
Aesopus rechtmässig angehören, und, obwohl sie sich nur bei Neckam
findet, auf das griechische Altertum zurückgehen, wie Du Méril (a. a. O.
S. 185, Anm. IV) bemerkt.

XII. De Pauone et Graculo.

S. An. Nev. XXXV. — Neckam lässt, wie Marie und LBG, die
Krähe zum eigenen Geschlecht zurückkehren, und ausgestossen werden. —
Y II ist hier nicht sehr genau, es tritt statt der Krähe der Häher auf,
wozu s. Fuchs, a. a. O. S. 31, aber auch Du Méril, a. a. O. S. 186.

XIII. De Cane et Umbra.

S. An. Nev. V. — Neckam kürzt stark, lässt aber die Fabel wesentlich unverändert. — Y II nähert sich zufällig in einer Kleinigkeit der
Fassung des Phädrus.

XIV. De Lepore et Ancipitre et Passere.

Wie schon erwähnt, findet sich die Fabel nicht blos, wie Hervieux
angibt, bei Phädrus, sondern auch im An. Nil. als Nr. 57, was indessen
an dieser Stelle nichts ändert, da der letztere fast genau den Wortlaut
seiner Quelle beibehält. Eine wörtliche Anlehnung von Seiten Neckam's
liegt indessen nicht vor (wenn man nicht das *qui modo* der viertletzten
Zeile so auffassen will). Es wird kaum der Erwähnung bedürfen, dass
die Vertauschung der Rollen im An. Nil. (*Oppressam Aquila et fletus
dantem Lepus objurgabat Passerem*) nur auf einem Schreiberirrtum beruht, da dies mit dem Nachfolgenden nicht stimmen würde: *Ubi perni-
citas tua est et cur sic pedes cessarunt?* — Das Letzte beweist, dass
es sich hier um einen Fehler, letzter, oder doch später, Hand dreht,
und Neckam scheint sich einer Handschrift bedient zu haben, welche
den Irrtum nicht enthielt. Doch wäre bei ihm nicht ausgeschlossen,
dass er den auffälligen Fehler selbst bemerkt und gebessert hätte. —
Y II stimmt zur Vorlage; nur ist die letzte Rede des Hasen weggelassen.

XV. De Cane et Oue.

Diese Fabel ist bei Besprechung von LY weitläufig behandelt
worden und ich kann mich hier auf Neckam und seine Uebersetzung
beschränken: Neckam geht in einer der dort besprochenen Besonder-

heiten mit dem Rom. Nil., er lässt nämlich auch den Richter nach Zeugen
fragen: Judex testes petit (V. 3). Doch darf man diesem Umstand
nicht allzuviel Bedeutung beilegen, da ja die beiden andern erwähnten
Eigenheiten des Rom. Nil. nicht vorhanden sind: es sind nämlich die
bekannten drei Zeugen (Lupus, Milvus, Ancipiter), und es ist keine
Rede davon, dass das Schaf vor Kälte gestorben sei. Die Fabel schliesst:
Pro pretio lanam vendidit illa suam. — Y Π kommt hier, jedenfalls
unabsichtlich, auf die im Rom. vorliegende Version zurück, indem er
die Frage des Richters unterdrückt, und dafür den Hund sich erbieten
lässt, Zeugen zu stellen. Auffällig ist, dass der Uebersetzer von Y II
den sonst überall vorliegenden Umstand, dass das Schaf seine Wolle
verkauft, um seine Schuld zu zahlen, auslässt; wohl aus Versehen.
(Man lese: Trop bons tesmoins en oy Dist le chien . . . . Or les fai
dont venir Dist le juge . . .; ferner Il convint qu'el rendist, Vousist ou
ne vousist, Le pain qu'elle n'eut mie. A tous les faus temoins Qui
sont et près et loins Envoit Diex courte vie.) — Y I, der sonst genau
seiner Vorlage folgt, hat die selbständige Eigenheit, dass nicht, wie
sonst überall, wo drei Zeugen genannt werden, der Wolf und zwei
Raubvögel auftreten, sondern nur einer, und dafür der Fuchs, was auch
das zugehörige Bild zeigt. (R. II 449) Le chien amainne pour sa part,
L'ecoufle, le loup et regnart.

XVI. De Serpente et Lima.

Die Fabel ist in den späteren Fassungen noch wesentlich unverändert, im Verhältnis zur Darstellung im Griechischen, bei Halm, Fab.
Aes. 86 (Nr. 146 gehört weniger hieher), obgleich bei diesem die
Schlange an die Feile leckt (περιλειχε), während sie sonst in der Regel
beisst. — Ob die Fabel, die wir bei Marie (Roquef. 83) finden, zu der
unsrigen gehört, oder nicht, wage ich nicht zu entscheiden. Beide
haben kaum mehr als den Grundgedanken gemeinsam. — Bei einigen
der von Phädrus abhängigen Lateiner lächelt die Feile über das nutz-
lose Unterfangen der Schlange (z. B. bei dem An. Nil., Rom., Rom.
Mon.), andre lassen dies wieder weg, ohne dass man, wie es scheint,
einen Schluss daraus ziehen könnte, so z. B. der An. Nev. und LBG. —
Die Uebersetzungen des An. Nev. stimmen genau zu diesem. (Die eine
davon, Y I, ist nur dadurch interessant, dass der Ueberarbeiter hier
eine Geschichte anfügt, die mit der Fabel selbst nur das Wort „Feile"
gemein hat, was für seine oberflächliche Art kennzeichnend ist.) —
Neckam hält sich in dieser Fabel mehr als sonst Rom. gegenüber
selbständig; frei erfunden ist besonders, dass die Schlange auf das
Lachen der Feile hin fragt, weshalb sie lache: *Risit Lima, rogat*

6

Serpens cur riserat; und die Angabe, dass sich die Feile von dem Blute der Schlange rötet: *jam rubeo sanguine tincta tuo.* — Neckam scheint hierin völlig selbständig. — Y II schliesst sich ihm ziemlich genau an; doch ist frei zugefügt, dass die Zähne der Schlange zerbröckeln (Les dents sont depeciées Et rompues et brisiées Et il furent sanglant), und das Lachen der Feile ist unterdrückt.

XVII. De Latrone et Vicinis.

S. An. Nev. VII. — Neckam und Y II bieten nichts Besonderes.

XVIII. De Rustico et Progne.

S. An. Nev. XX. — Neckam genau nach Rom.; nur heisst eigentümlicherweise die Schwalbe *Progne.*

XIX. De Musca et Caluo.

S. An. Nev. XXXII. — Die Fliege wird wirklich getroffen.

XX. De Leone et Pastore.

S. An. Nev. XLI. — Wesentlich nach Rom. — Neckam weicht in einem nebensächlichen Punkte mit dem An. Nev. zugleich ab. — Y II ist hier ziemlich frei und selbständig.

XXI. De Lupo et Asino.

Die Fabel bei Babrius 121 gehört nur dem Grundgedanken nach zu der unsrigen; die Personen sind ganz andre, nämlich ὄρνις und αἴλουρος (Vogel und Katze); die Antwort lautet dort auch etwas anders: ἢν ἀπέλθῃς, οὐκ ἀποθνήσκω. — Die Vorlage Neckam's ist jedenfalls Rom. IV 15 (siehe auch Du Méril, a. a. O. S. 192, Anm. 11, der dort eine lát. Fabel gleichen Inhalts aus Dositheus citiert), der ziemlich genau reproduziert wird. Nur scheint insofern eine Wandlung eingetreten zu sein, als die heuchlerische Absicht des Wolfs mehr zurücktritt. Man vergl. Rom. IV 15: Sic homines mali, etiam si prodesse se fingant, et bene loqui simulatorie velint, magis nocere festinant; mit Neckam: Vir sic infidus, fit quislibet officiosus, Cum facit ipse bonum, creditur esse malum, wo doch durch das *creditur* die Meinung erweckt wird, dass die Absicht des Wolfs nicht wirklich schlimm sei. — Y II geht darin noch weiter: der Wolf fühlt wirkliches Mitleid. (Rob. II 533) Il ot moult grant pitié Du las qui traveillé Estoit et endormi. Das Gleiche drückt auch die Moral aus: Se un hom desloial Se repentoit du mal Qu'aroit fait en sa vie, Tout le bien qu'il feroit, Des gens tenus seroit Mal et ypocrisie.

XXII. De Lupo et Bubulco.

Die Fabel ist seit Babrius 50 (wo allerdings der Fuchs statt des Wolfes auftritt) wesentlich die gleiche geblieben, abgesehen davon, dass bei verschiedenen Autoren mehrere Jäger statt des einen auftreten; so bei Neckam im Anfang *venatores*, später Singular. — Stärker weichen, so viel ich sehe, nur Marie und LBG ab, wo der Hirt selbst den Wolf versteckt: Marie (Roquef. 42): Li Paistres dist que si fera, Desouz la faude le muça, und LBG (78): Vade igitur, ait pastor, et absconde te in rubo qui vicinus est. . . . . Man vergleiche dazu Babrius 50, V. 3 und 4: πρὸς ϑεῶν σε σωτήρων, κρύψον με ταύταις, αἷς ἔκοψας, αἰγείροις. — Wie schon angedeutet, schliesst sich Neckam hier ziemlich genau, wenn auch mit etwas grösserer Ausführlichkeit, an Rom. an, und ebenso folgt ihm Y II. Bei diesem letzteren ist nur eigentümlich, dass der Wolf sagt: Car il me het de mort Et si n'est mie a tort: Je l'ai bien desservie (R. II 535), im Gegensatz zu Rom. und anderen, wo er ja sagt: *Cui nihil fecisse juro*, was Neckam allerdings auslässt.

XXIII. De Vulpe et Aquila.

S. An. Nev. XIII. — N. lässt das *supplex* aus, das sich bei Y II indessen dem Sinne nach wieder vorfindet.

XXIV. De Leone et Equo.

S. An. Nev. XLII. — N. lässt das Pferd, als der Löwe gefallen, noch einmal sprechen. — Y II bietet einige selbständige Eigentümlichkeiten.

XXV. De Niso et Columbis.

S. An. Nev. XXII. — N. schliesst sich genauer an Rom. an, als der An. Nev. — Y II übersetzt *nisus* durch *oiselere*.

XXVI. De Equo et Homine.

Die Fabel ist dieselbe, welche Halm in seiner Ausgabe der Fab. Aesopicae aus der Rhetorik des Aristoteles abdruckt, als Nr. 175. Der einzige Unterschied ist, dass im Griechischen der Jäger dem Pferd die Bedingung setzt, sich den Zaum anlegen zu lassen (ὁ δ' ἔφησεν· ἐὰν λάβῃ χαλινὸν, καὶ αὐτὸς ἀναβῇ ἐπ' ἀυτὸν ἔχων ἀκόντια), während bei Rom. und Neckam das Pferd selbst dem Jäger die Anweisung gibt, dies zu thun. Man lese Neckam, V. 5 und 6: Et jubet ipse sibi frenum sellamque parari, Et de praedictis quid fierit docuit. — Y II kommt hier wieder der ältesten Fassung etwas näher. (R. I 271) Le veneeur l'a pris Qui tantost li a mis Et le frein et la selle: Bien estroit le

sangla, Uns esperons chauça Qui eurent grant rouelle; es ist also keine
Rede davon, dass das Pferd selbst die Veranlassung zum Auflegen des
Sattels etc. gewesen sei. — Uebrigens schwächt Y II die Fabel un-
gemein stark ab, indem er das Pferd versprechen lässt, es wolle dem
Jäger sein ganzes Leben hindurch dienstbar sein, wodurch sein späteres
Sträuben jede Berechtigung verliert: Et il le serviroit Tous le jours
qu'il vivroit.

XXVII. De Coruo et Vulpe.

S. An. Nev. XV. — N. nähert sich der griechischen Fassung. —
Y II zeigt hier nichts Besonderes.

XXVIII. De Duabus Canibus.

S. An. Nev. IX. — N. nichts Besonderes. — Y II weicht stark ab
und zwar selbständig.

XXIX. De Formica et Cicada.

In Bezug auf das Verhältnis dieser Fabel zu der des An. Nev. XXXVII
ist das Nötige schon bei der Besprechung der letzteren gesagt worden. —
Die Mehrzahl der Bearbeitungen — seit Babrius ist die Fabel ziemlich
unverändert die gleiche — geben an, dass die Ameise ihr Getreide getrocknet habe, so Babrius 137 (nach Schneidewin, bei Lewis steht die
Fabel im I. Band als Nr. 129): σῖτον ἔψυχε, An. Nil. *secabat*, Rom. *siccabat*,
und ähnlich Rom. Mon. und Joh. de Schep. Nicht erwähnt wird dieser
Umstand, der, so viel ich sehe, das einzige unterscheidende Merkmal
ist, im Rom. Nil. (wo die Ameise beim Essen sitzend dargestellt wird),
und im Anschluss an diesen von Marie (und LBG), wo jedoch nur steht:
(Roquef. 19) D'un Gressillon dist la meniére Qui dusqu'à une fromiére
El tans d'yver esteit alez, Par aventure enz est entrez. — Auffälliger
Weise lässt auch Neckam diesen Umstand weg, und beginnt: Formicam
bruma narratur adisse cicada, Ut sibi frumenti paucula grana donet. —
Y II stimmt genau zu ihm.

XXX. De Grege et Lanista.

Gehört dem Sinne nach zu der Fabel Avian's, XVIII, von dem
Löwen und den drei Stieren. — Du Méril, a. a. O. S. 200, Anm. 2
sagt: „Il est remarquable que toutes les versions antérieures à Neckam
aient remplacé le boucher par un lion;" dies ist aber unrichtig, denn
Rom. IV 6 (von Du Méril selbst bezeichnet!) hat *lanius* und *lanio*, und
auch der Rom. Nil. hat *lanio*.

Es ist mir nicht gelungen, bei den drei Lateinern, die die Fabel
haben, einen Unterschied ausfindig zu machen, ausser dass Neckam im

Gegensatz zu den beiden andern sich darauf beschränkt, von einer *grex*, einem *de grege* u. s. w. zu sprechen, die Art aber nicht genauer bezeichnet So kommt es denn, dass Y II andre Tiere einsetzt, als wir sonst finden; er spricht von verschiedenen Arten: *toriaux, cerfs, chevriaux, dains, biches* und zuletzt bleibt bei ihm ein *torel* übrig. Dies ist blos dadurch möglich, dass der Uebersetzer das Wort *lanista* nicht recht verstanden hat, denn was der Metzger mit Hirschen u. s. w. zu thun hätte, ist nicht klar. In der That können wir uns leicht überzeugen, dass der Uebersetzer nicht gewusst hat, was er sich unter *lanista* vorstellen solle; denn er schreibt: Il eut en une lande Une beste moult grande Qui avoit nom Laniste. (Robert scheint der Anm. nach auch nicht klug daraus geworden zu sein, denn er sagt: „Laniste, nom donné à un animal imaginaire. On peut le croire tiré du verbe laniare, déchirer.")

XXXI. De Verace et Fallace.

Da Neckam genau zu Rom. stimmt, und nur in Bezug auf die Reihenfolge der an den zweiten gerichteten Aufforderung und der von diesem angestellten Ueberlegung abweicht, ferner auch Y II nichts Besonderes bietet, so sehe ich keinen Grund, hier näher auf die Fabel einzugehen.

XXXII. De Equo forti et Asello.

Die Fabel, die mit der griechischen bei Halm, Fab. Aesop. 328, wenig zu thun hat, da ja in dieser nur die Gesinnungen des Esels beschrieben werden, von dem so wesentlichen Hochmut des Pferdes aber keine Rede ist, ist, soviel ich sehe, durch alle Fassungen die gleiche geblieben (abgesehen von Plutarch, s. Du Méril, a. a. O. S. 202 Anm. 3). Neckam und der An. Nev. erweitern etwas, folgen aber sonst genau ihrer Vorlage. Ebenso Y I und LY. Auch Y II schliesst sich ziemlich genau an, fügt aber, was ich sonst nirgends angetroffen habe, eine Antwort ein, die der Esel dem hochmütigen Pferde gibt: Sire moult de mercis; Bien sai que j'ai mespris: James ne m'avendra: Quant venir vous verrai, La voie vous lairai; Jà fais ne m'en tendra.

XXXIII. De Ceruo et cornibus.

S. An. Nev. XLVII. — N. und Y II bieten nichts Besonderes.

XXXIV. De Ranis et Leporibus.

S. An. Nev. XXVIII. — N. lässt die Furcht der Hasen durch die Jäger erregt werden. — Y II übersetzt genau.

XXXV. De Monte praegnante.

Die Fabel ist bei allen Lateinern, mit Ausnahme des Rom. Nil., die
nämliche, wenn man nicht als Abweichung auffassen will, dass der An.
Nev. *terra* hat, statt *mons*. LY und Y I stimmen genau zum An. Nev. —
Neckam weicht auch nur insofern ab, als er die Bewohner der Erde
direkt redend einführt. — Viel freier verhält sich seine Uebersetzung,
Y II: es wird z. B. die Burg zugegeben, die neben dem Berg erbaut
sein soll: (R. I 328) Un chastel grant et bel Fu fondé de nouvel En
une grant valée, Lez une grant montaigne Haulte et noire et grifaigne
Dont souvent naist fumée (es handelt sich also hier um einen feuer-
speienden Berg). Eine weitere Freiheit, die sich der Uebersetzer von
Y II erlaubt, die aber der Fabel keineswegs zum Nutzen gereicht, ist,
dass eigentlich die ganze Geschichte nur als ein Witz aufgefasst wird,
so dass es gar nicht herauskommt, als ob der Berg die Maus wirklich
geboren: (R. I 329) Un moquéeur si vit Une souris, si dit: Bien sçai
que c'a esté, La montaigne estoit prains; Si a geté grant plains Et puis
a enfanté . . . etc.

Der Rom. Nil. hat hier die eigentümliche Abweichung, dass nicht
ein Berg, sondern ein Mann gebiert.

XXXVI. De Camelo et Pulice.

Die Fabel ist entschieden von der bei dem An. Nev. sich findenden, De Mula et Musca, zu trennen. — So wie wir sie hier haben, ist
sie ein direkter Abkömmling der griechischen Fabel, die wir bei Babrius 84
und in der Sammlung der äsopischen Fabeln von Halm 235 finden, obwohl hier beidemal nicht Kamel und Floh, sondern Κώνωψ καὶ Ταῦρος
die Helden sind. Seit dem An. Nil. sind es *Culex et Camelus*, wofür
bald (schon im Cod. Weiss.) auch *Pulex* eintritt. (LBG hat musca et
camelus, was jedoch auf die Fabel selbst ohne Einfluss bleibt). Die
einzige stärkere Aenderung, die mir begegnet ist, findet sich bei Y II,
der — man könnte sich versucht fühlen, eine Einwirkung der Fabel
De Mula et Musca anzunehmen — folgende Ueberschrift bietet: *Ung
Tahon qui s'assist sur ung Mulet*, ohne dass jedoch der Gang der Fabel
selbst dadurch affiziert würde.

XXXVII. De Ventre et Membris.

Abgesehen von Neckam hat die Fabel überall die gleiche Fassung,
besonders ist der Ausgang überall derselbe. N. allein weicht stark,
und, wie schon die Art der Abweichung ergibt, ganz selbständig ab:
Er gibt der Fabel ein anderes Ende, als das gewöhnliche, was kaum

zu ihrem Vorteil gereicht: Percepta causa, tandem livore remoto Ventris mox solitos Membra dedere cibos; Quo confortato, proprium sensere vigorem, Omnia cum domino laetificata suo. — Ferner lässt er Magen und Glieder direkt reden, und benützt die Gelegenheit, um medizinische Kenntnisse an den Tag zu legen. — Y II folgt ihm genau, kürzt aber die Rede des Magens etwas. — LY und Y I stimmen genau zu dem An. Nev.

XXXVIII. De Pica et Cauda sua.

Die Fabel ist bei Y II nicht vorhanden, findet sich aber in der Uebersetzung von Chartres, und scheint, obwohl sie in keiner älteren Sammlung zu lesen ist, doch dem Novus Aesopus rechtmässig anzugehören. — Vergl. dazu Du Méril, a. a. O. S. 208, Anm. 3.

XXXIX. De Lupo et Cane.

Die Mehrzahl der Sammlungen haben, — die Fabel hat überall desselben Charakter — dass der Wolf am Hals des Hundes eine haarlose Stelle bemerkt: Babrius 99 (nach Schneidewin und Lewis): „ὁ δέ σοι τράχηλος" εἶπε „πῶς ἐλευκώθη"; — ebenso Phädrus: collum detritum u. s. w. Es weichen nur ab: An. Nil. Collum catenatum; Cod. Weiss. Collm catena perstrictum; Neckam: Sed cur nescio qua tibi sunt astricta catheta Colla...; ferner Marie (Roquef. 34): Cum li Chiens porte sun.... E la haiene viet trainer, und endlich auch LBG: collatium, und später die Fage: Quid sibi vult, socie, circulus ille in collo tuo? Für Neckam ist die wieder einer der zahlreichen Berührungspunkte mit dem An. Nil. — Neckam hat übrigens auch noch die Eigentümlichkeit, dass im Anfang der Fabel das unde... es des Rom. wiedergegeben wird durch unde veïis. Wichtiger ist, und, wie es scheint, ebenfalls selbständig, dass derWolf keine Lust äussert, mit den Hund zu gehen. Y II macht aus der atena ein ledernes Halsband: Tu as entour ton col Qui est et gras et mol, De cuir un grand loyen (R. I 29); stimmt aber sonst wesentlich, mit einiger Abweichung im Anfang, zu seiner Vorlage. — Ebenso LY und Y I.

XL. De Philomena et Pauone.

Nichts zu bemerken.

XLI. De Leone et Mure.

Die Fabe ist bei Neckam noch wesentlich dieselbe, wie bei Babrius 107, und sonst. — Y II verändert sie einigermassen, indem nur von einer Mau die Rede ist, und der Löwe dieselbe mit dem Rachen

fängt. (Le lyon l'engoula.) Auch bietet sie hier, um ihr Leben zu
retten, direkt dem Löwen ihre Dienste an, die aber höhnisch zurückgewiesen werden: Va là où tu voudras, Plus mal par moi n'aras, Ce
repont le lyon: Jà ne me serviras, Ne bonté ne feras: Ne te prise un
bouton. — Y I und LY stimmen wesentlich zu dem An. Nev.

XLII. De Capella et Lupo.

Es scheint, dass der An. Nev. und Neckam hier eine Aenderung
vorgenommen haben, da ihnen nicht klar war, warum, wenn die Ziege
foeta war, und *ad partum vellet ire*, wie Rom. und der An. Nil. haben,
sie den Stall verlässt, und sie drücken sich deshalb so aus, als ob
pastum in ihrer Vorlage gestanden hätte. An. Nev.: Capra cibum querens ;
Neckam: Forte suum pastum dum vellet adire Capella. — Es ist in
teressant, dass schon eine Hs. von Rom., nämlich C (der Originaltext
der Weissenburger Hs.), nach Oesterley, a. a. O. S. 57, *pastum* liest —
(s. auch Herv. II S. 148). — Anzunehmen, dass *partum* ursprünglich
ein Schreibfehler für *pastum* gewesen sei, und dass sich dieser sekundären Lesart erst später *foeta* zugesellt habe, wage ich nicht, da ich
dies letztere auch im Cod. Weiss., der doch *pastum* hat, findet, obwohl
diese Annahme sehr nahe läge, da ja die Fabel, wie sie Rom. u. s. w.
bieten, sinnlos ist. — Bei Neckam warnt die Ziege das Junge nur vor
dem Wolf, im Rom., dem An. Nil. und dem Cod. Weiss. vor wilden
Tieren im Allgemeinen: eine kaum nennenswerte Abweichung. Die
direkte Rede des Wolfes ist ebenfalls frei erfunden. — LY, Y I und
Y II entfernen sich in nichts von ihren Vorlagen.

Aus dem im III. Teil Gesagten ergibt sich nun:
Ein Zusammenhang irgend welcher Art zwischen dem An. Nev.
und dem Novus Aesopus liegt nicht vor, abgesehen davon, dass sie
meist gemeinsam auf Rom. beruhen. Wo sie von dem letzeren abweichen, bezeichnen sie ganz verschiedene Zweige der Tradition. —
Gemeinsame Abweichungen von Rom. kommen nur zweimal vor: in
Fabel XX und XLII (nach Neckam). Die erste beruht auf Zufall; sie
ist nichts als die Auslassung eines nebensächlichen Zuges. Die Zweite
dagegen beruht wohl auf einer Variante, die der Cod. Weis. aufweist.
(Es wäre interessant, zu studieren, ob zwischen den Lesarten Neckam's,
des An. Nev. einerseits, und denen des Cod. Weiss. andrerseits ein
Zusammenhang besteht). — Wörtliche Uebereinstimmung keine.
Wenn ich gesagt habe, Neckam's Novus Aesopus beruhe auf
Rom., so soll damit die Frage nach seinen Quellen noch keineswegs

abgethan sein. Sie ist zwar äusserst interessant, aber auch sehr
schwierig. Wenn das Folgende dazu beitragen kann, in dieses dunkle
Gebiet etwas Licht zu bringen, so sind meine kühnsten Hoffnungen er-
füllt:

Für ganz unrichtig halte ich, was Hervieux, Band I S. 708, annehmen möchte, dass Neckam auf ein Manuskript des Phädrus selbst
zurückgegangen sei, das dann natürlich mehr Fabeln enthalten haben
müsste, als die uns bekannten Mss. Denn hätte Neckam den Phädrus selbst
gekannt, so hätte er sich doch sicher das eine oder andere Mal, wo er
von der späteren Tradition abweicht, an ihn angeschlossen, (und hätte
wohl auch manchmal den Wortlaut seiner Quelle beibehalten). In der
That haben wir aber, wie die vorausgehende Untersuchung zeigt, nur
einen einzigen Fall, in Fabel VIII, wo eine solche Anlehnung vorzuliegen scheint, und auch sie ist derart, dass man getrost behaupten
kann, sie beruhe auf Zufall. — Wo Neckam sonst noch dem Phädrus
folgt, thun dies die anderen Texte auch, und häufig haben wir sogar
den Fall, auf den bei den betreffenden Fabeln hingewiesen wurde, dass
Rom. sich genauer an Phädrus anschliesst, als Neckam. Solange also
Herr Hervieux für seine Vermutung keine weiteren Gründe anzuführen
hat, als dass Neckam's Aesopus einige Fabeln aufweist, die sich sonst
nicht finden, müssen wir diese Annahme als höchst unwahrscheinlich
bei Seite stellen.

Dass Neckam sich meist an Rom. anschliesst, ja demselben oft ungemein genau folgt, steht vollkommen sicher, und es ist kaum nötig,
das hierüber Gesagte hier zu wiederholen. (S. auch Hervieux Band I
S. 707/78, wo er indessen den so wichtigen Schluss aus zwei sehr un-
wichtigen Versen ziehen will.)

Doch genügt Rom. allein nicht, um daraus die Eigenart des Textes,
wie ihn der Novus Aesopus darbietet, zu erklären. Wir haben vielmehr
eine ziemlich grosse Anzahl von Fällen, wo Neckam auf den sog. An.
Nil. zurückgegangen sein muss.

Ich stelle diese Fälle noch einmal zusammen:
1) Fabel II: An. Nil. utroque *generi fraus decepta apparuit.* —
   Neckam: *genus hunc abjecit* utrumque. — Dazu
   kommen Marie und LBG.
2) Fabel III: Ist nur beim An. Nil. und N. zu finden.
3) Fabel IV: Die Wölfe stellen keine Geiseln, und damit bleibt
   auch das Heulen weg, bei dem An. Nil. und Neckam.
4) Fabel VI: An. Nil. *Quo mortuo*; N. *sicque necavit eum.* Doch
   nähert sich Neckam gerade in dieser Fabel stark dem
   Rom.

5) Fabel X: Hier muss Neckam auf den An. Nil. III zurückgehen,
da er die Fabel nur kürzt, nicht aber, wie die andern
Fassungen, verändert.

6) Fabel XII: Die Krähe kehrt bei Neckam, (wie bei Marie und
LBG) zum eigenen Geschlecht zurück, wird aber
ausgestossen, was zu Phädrus und dem An. Nil.
stimmt.

7) Fabel XIV[1]): Nur bei Phädrus, dem An. Nil. und Neckam.

8) Fabel XXXIX: An. Nil. *collum catenatum*; Neckam: *astricta cathena
colla.* Ebenso Marie und LBG.

Dass der An. Nil. in der That von Einfluss war auf die Gestaltung
des Textes bei Neckam, ergibt sich aus einer Betrachtung der hier zu-
sammengestellten Fälle von selbst, ebenso wie jede direkte Einwirkung
von Seiten Phädrus dadurch abgewiesen wird.

Ich komme zu einem zweiten Punkt von nicht geringerem Interesse:
es ist bei Durchsicht der vorausgehenden Zusammenstellung auffällig,
dass ein Teil der Punkte, die Neckam mit dem An. Nil. gemein hat,
sich auch bei Marie (und LBG) wiederfinden, die sich dadurch ihrer-
seits von ihrer gewöhnlichen (indirekten) Vorlage, dem Rom. Nil. trennt.
Dies sind übrigens nicht die einzigen Berührungspunkte Neckam's mit
Marie. Er hat auch einige Züge, die Marie eigen sind oder die sie
aus dem Rom. Nil. genommen hat, mit ihr gemeinsam. Ich verzeichne:

1) Fabel XV: Neckam: *Judex testes* petit, wie bei Marie und
Rom. Nil.

2) Fabel XXIX: Neckam lässt wie Marie den Umstand weg, dass
die Ameise ihr Getreide getrocknet habe; stellt sie
aber auch nicht (ebenfalls wie Marie) als beim
Essen sitzend dar, wie der Rom. Nil. thut.

3) Fabel I: (weniger deutlich!) Bei Neckam und Marie geben die
Tiere gemeinsam die Antwort, der Kranich könne
helfen; ferner liegt bei beiden, wenn auch bei
Neckam weniger sicher, eine Versammlung der
Tiere vor.

Nimmt man diese drei Fälle mit den drei der vorigen Zusammenstellung, so ergibt sich, dass zwischen Neckam und Marie eine partielle
Gleichheit der Tradition besteht.

---

    1) Hervieux hat übersehen, dass diese Fabel auch im An. Nil. vorkommt.
Damit fällt der einzige Beweisgrund, den er für seine eben besprochene Ansicht
vorbringen könnte.

Daraus, in Verbindung mit dem vorher Gesagten, lässt sich nun
meiner Ansicht nach das Folgende schliessen:

Eine eigentliche Quelle des Novus Aesopus ist nicht anzugeben,
d. h. es gibt keinen Fabeltext, aus dem sich derselbe — ganz abgesehen von der eigentümlichen Anordnung der Stücke — herleiten
liesse. Denn Romulus genügt dazu nicht, da der Novus Aesopus nicht
nur Stücke enthält, die jener nicht hat, sondern auch in Bezug auf die
Gestaltung mehrerer Fabeln unverkennbar auf den sogenannten An. Nil.
zurückgeht. Da indessen auch dieser zur Erklärung des Räthsels nicht
hinreicht, sondern immer noch einzelne Stücke übrig bleiben, die fremden
Ursprungs sind; da ferner ein Teil der Berührungspunkte mit dem An.
Nil. auch bei Marie de France sich wiederfinden, endlich, da einzelne
Züge da sind, die, ohne im An. Nil. zu stehen, auf einen Zusammenhang mit Marie hinweisen, so scheint der Schluss erlaubt, dass Neckam
sich direkt weder auf Rom., noch auf den An. Nil. stützt, sondern auf
irgend ein Glied einer ziemlich bedeutenden, uns verloren gegangenen
Fabellitteratur, die jene Texte gekannt und benutzt haben mag, und
als deren einzigen Vertreter wir den Esope der Marie, als Uebersetzung
der englischen Fabelsammlung des Alfred, kennen. Dafür sprechen die
genannten Uebereinstimmungen zwischen Neckam's Novus Aesopus und
Marie's Esope, dafür der Umstand, dass bei Neckam von der Anordnung
des Romulus gar nichts mehr übrig geblieben ist, was ja eine bewusste
Anlehnung an denselben von vornherein als unwahrscheinlich erscheinen
lässt. (Eine Verschiebung innerhalb der Ueberlieferung des Nov. Aes.
ist möglich, doch haben wir dafür keinerlei Anhaltspunkte.) Eine solche
vorausgehende, lange Entwicklungskette anzunehmen, veranlasst uns
auch endlich der Umstand, dass Neckam die Fabel VII: De Vulture
et Aquila, die sich doch bei ihm allein findet, selbst nicht richtig verstanden hat, wie Du Méril scharfsinnig bemerkt, (und dass er einmal,
in Fabel XXVII: De Corvo et Vulpe, auf die griechische Fassung der
Fabel zurückzugehen scheint, während doch nichts dazu berechtigt, anzunehmen, dass er selbst die griechische Fabellitteratur gekannt habe). —
Wenn ich so annehme, dass Neckam nicht direkt auf Rom. zurückgehe,
sondern eine mit der Fabelsammlung des Alfred irgendwie verwandte
compilatorische Quelle benutzt habe, so muss ich bemerken, dass diese
nicht in englischer Sprache abgefasst gewesen sein kann, sondern
notwendig lateinisch, da der Wortlaut des Rom. häufig bei Neckam
wieder zu finden ist.

Es bleibt übrigens noch eine Möglichkeit: Könnte nicht Neckam,
ebense wie der Verfasser von LBG, mit Absicht verschiedeue Autoren
compiliert haben? Dass er sich manchmal an die speziell englische

Tradition anlehnt, ist dann auch leicht erklärlich. Welcher von diesen
beiden Annahmen endgültig der Vorzug zu geben ist, kann jetzt noch
nicht entschieden werden.

Sonst ist über den Novus Aesopus wenig zu sagen: wo er auf
Rom. beruht, verhält er sich diesem gegenüber, wie sich mittelalterliche
Bearbeitungen ihrem Grundtext gegenüber gewöhnlich zu verhalten
pflegen: direkte Reden werden eingeführt nnd aufgelöst, auch da und
dort eine ganz neue Rede eingeschoben; hie und da werden auch die
handelnden Personen andere. Am stärksten wohl weicht Neckam von
Rom. ab, ohne einer andern Sammlung zu folgen, in Fabel XXXVII:
De Ventre et membris, hier wohl mit Absicht, um medizinische Kenntnisse an den Tag zu legen.

Was die Uebersetzung des Novus Aesopus, den sogenannten Yzopet II, betrifft, so können wir behaupten, dass derselbe seiner Vorlage
weit weniger streng folgt, als Y I. Ganz abgesehen von den gewöhnlichen Bearbeiterzuthaten, die ich zum Teil soeben bezeichnet habe,
arbeitet er einigemal Züge, die bei Neckam nur schwach angedeutet
sind, stark aus, z. B. in Fab. XXI, XXX. Er weicht, ohne dass diese
Veranlassung vorhanden gewesen wäre, von seiner Vorlage ab in den
Fabeln XX, XXVIII, XXXV, wobei ich natürlich nur die auffälligsten
Beispiele verzeichne.

Missverständnisse liegen vor in Fabel II und XXV. — Es ist unklar, ob ein Missverständnis, oder eine Einwirkung einer andren Tradition vorliegt in dem *jai* der Fabel De graculo et pauone. — Einwirkung eines fremden Textes ist nicht oft zu konstatieren. Doch bin
ich in drei Fällen, Fab. I, IV, IX, in der Lage, dies thun zu hönnen,
und zwar ist der beeinflussende Text in diesen drei Fällen die von Mall
vorläufig mit LBG bezeichnete Fabelsammlung. Ich glaube nicht, dass
eine Wiederholung dieser Fälle nötig ist, da sie klar genug liegen.
Auch glaube ich nicht, dass die Abfassungszeit von Y II dem wider-
sprechen könnte, wenn auch, wie Hervieux I S. 711 behauptet (mit
welchem Recht?), Y II älter ist als Y I; denn das *renart* und *vulpecula*
der ersten Fabel spricht allzu deutlich. — Weniger klar ist, ob wir in
Fabel V wirklich eine Anlehnung an Marie anzunehmen haben. — Für
uns ist wichtig, dass auch dieser Text, wenn auch nicht stark, von
einer fremden Sammlung beeinflusst ist.

Somit wäre ich am Ende angelangt. Es sei mir nur noch erlaubt, auf einige interessante Punkte hinzuweisen, die mein Thema nicht berühren, aber doch ein künftiges eingehendcres Studium verdienen:

Die Fabeln An. Nev. XIV und XLVIII bieten weitere Beispiele zu dem, was Mall, a. a. O. S. 202, über eine Verwandtschaft der Tradition der Marie und des An. Nev. sagt.

In Fabel V und XXXV scheint sich auch der Riccardiano an Marie anzuschliessen.

Ist wegen Fabel XX und XXVII wirklich anzunehmen, dass der Rom. Nil. mit der griechischen Fabellitteratur in Zusammenhang stehe?

————————

Bei einem eingehenden Studium der Handschrift 1594 von Y I sind auch die dort befindlichen Bilder zu beachten, welche manchmal nicht genau zum Text stimmen. Ich beschränke mich für jetzt darauf, auf die Bilder bei Robert I 34, Rob. I 208, und besonders Robert I 182 hinzuweisen.

V i t a.

Natus sum Bruno Herlet Wirceburgi die XX. m. Jan. anno h. s. LXIII.
Litterarum elementis in gymnasio Wirceburgensi imbutus maturitatis
testimonio impetrato auctumno a. LXXXII. in ordinem philosophorum
universitatis Wirceburgensis receptus sum. Auctumno a. LXXXIV Mo-
nachium me contuli, ubi usque ad auctumnum anni sequentis studio
linguarum recentium me dedidi. Magistri mei doctissimi fuerunt Wirceburgi: Mall, Urlichs, Lexer, Jolly; Monachii: Breymann, Hofmann, Ber-
nays; quibus de me optime meritis maximas ago gratias, imprimis
autem Eduardo Mall, Henrico Breymann, qui summa cum benignitate
studia mea adiuverunt.

---

www.ingramcontent.com/pod-product-compliance
Lightning Source LLC
Chambersburg PA
CBHW020729100426
42735CB00038B/1033